ひとりごと

市原悦子

春秋社

ひとりごと

目次

I

II

III

IV

ひとりごと

I

幼年時代

戦争で、小学校のとき千葉の四街道に疎開しました。第二次世界大戦ですね。戦後の混乱と食糧難の時代に育ったんです。自分の原点ということを問われると、その時代のことが思い浮かびます。あのころの子どもたちの生命力、たくましさというのは、完全に子どもなりに自立していたように思います。なんと言えばいいか、元気があって、汚れていたけれど、力強い。そんな子どもたち。おなかが空けば、柿の木に登って、空腹をみたしました。畑のウリをちょうだいしたこともありましたけれど。

子供の頃から芝居好き、というわけではなく、そんな具合に、グミを食べ、桑の実を食べて、おなかがいっぱいになると、一畳ぐらいのむしろを敷いて、そこが舞台になるんです。お百姓さんの庭にビワの木があって、枝が豊かに繁っていて、ちょうどそれが天井のようになっている。

そこに何人か子分を集めて、「亭主持つなら堅気をお持ち」なんて、やっていたんです。東海林太郎さんが全盛のころです。股旅もののまねをして、堅気もなにも分からずに、やっていたんです。敏捷で体がよく動く。声は高く通りがいい。だから得意になって、それをやっていました。楽しみといえば、そんなことしかなかった時代です。

親がなんと言おうと、やることはやる。欲しいものは欲しい。嫌なものはいやと。人に依存しないかわりに、いうことも聞かないというような。そんなふうに生きてきたと思います。

怪我・娘時代

娘時代はおてんばで、自由奔放でした。父も母も頼もしく見ていたと思います。違うかな。世界は私のためにある、私のために永遠の時間がある。そんな感じでした。

ボーイフレンドがいた。最初は、自転車のいいのを買うと、私を後ろに乗せて遊びに行く。その次に、今度は新しいオートバイ。それで、後ろに乗って遊びに行ったんです。運転があまりに簡単に見えて、私に運転をさせてって。いきなりエンジンをふかして、ハンドルを取られたんです。何メートルもオートバイと一緒に吹っ飛んでいって、田んぼに落ちて、それで止まった。田んぼの水に映ったのは、真っ赤な血だらけの顔、さすがに息をのみました。

それで、家へ帰って、知らんぷりでお風呂で洗って、夏だったので蚊帳に入って寝たんです。翌日、母に黙って出掛けようとしたら、「どうしたの」って。顔が真っ赤に地腫れして、体中、傷だらけが分かってしまいました。

それでも、とやかく言われませんでした。どこかでにらみはきかしているんでしょうが、のびのびと勝手に育ったような気がします。

砂丘にて。（撮影　鈴木忠雄）

兄のこと

兄が亡くなったのは、二十四歳の時です。早稲田大学の卒業を一週間後に控えて。

色白で、言葉少なく、近寄りがたい兄でした。私とは四つ違いで、私は幾何が好きだったけれど、兄は文学青年で小説を書いたりしていました。男が一人で、あと三人はみんな女でしたから、わが家のプリンスだったんです。

養成所のとき、夫の塩見は千葉の家に来て、二回ぐらい会っています。そのときジロッと睨まれて、怖かったと言っていました。ボーイフレンドとして来たわけですから、お互いにどんなことを思ったんでしょうね。

きれいな女の人がお葬式に来てました。恋人だったのかもしれません。一週間後に兄の友人と卒業式に出て、卒業証書をもらってきました。

やはり、長男が二十四歳で死ぬというのは、一家にとって大事件です。両親の思いはどんなだったか。とりわけ母の様子は異様でした。何日たっても窓を開けない、雨戸も開けないんですね。暗い中でじっと座っているんです。死ぬんじゃないかと思いました。その時、私は長女として目覚めたのかもしれません。

それで私は、自分のことはさておいて、両親のために元気になろう、明るくなろうと思いました。

生きていたら、兄はどんな大人になっていたかしら。

岩上先生

中学校のとき、岩上先生と出会って演劇クラブへ入ったんです。もちろん女優になろうなどとは、考えてもいなかった。先生もまだ大学を出たばかり、若くて希望に燃えていたと思います。魅力的な先生でした。先生はとても人気があって、生徒にも、女の先生にも、好かれていました。

先生は音楽を教えていて、いまでも現役で教えていらっしゃいます。ずっと現場で教えていらして、管理的な立場に立つことはなかったんです。そういう方です。先生の魅力はとてもひとことでは言い尽くせない。

で、演劇クラブでなにが楽しかったかというと、子どもの頃と同じで、みんなと集まって、わいわいがやがや、おしゃべりしたり、けんかをしたり、ものを作ったり、歌を歌ったり、それが時を忘れさせました。

そんななかで、先生の教えが少しずつ、みんなの心に染み込んでいったんです。コーラスは、どれほど稽古したか、こんなふうに、みんなでやるからできるんだ。自分だけ気負ってもだめなんだよって。

先生は非常に厳しくクールな中身を持っているうえに、情を感じさせた。だから一人ひとりが、先生は私の味方だと思っていたと思います。困ったらおれのところへ来いと、そういうことを言わず語らずして、みんなはそう思っていた。そういう不思議なところがありました。

教えられる音楽は非常に演劇的でした。演劇クラブをやっていたぐらいだから、音楽の表現が演劇的なんですね。強弱とか訴え方とか、ただきれいなハーモニーだけじゃない。いろんな音と間が綾なしていくんですね。人間的にもそれぞれの個性に向き合って教育していたと思います。

ノート事件というのがありました。友達がノートを盗んだ話。

私はクラスの女の子がノートを盗んだのを目撃したんです。大騒ぎになって、私は先生に、「あの人が盗んだんです。私、見たんです」って。その子は盗んでいないという。でも当然、その子が罰されると思った。

ところが、そのとき先生は、「盗んでいない」と言うんです。盗んでいないって、私は見たのに。盗んでいないって、どういうこと。私だけが悪夢を見たっていうの。もう私にとっては青天の霹靂でした。大好きな、私の世界である先生が、どうしてそんなことを言うのだろうと、わけがわかりませんでした。でもそれからあと、ずっと恥しい思いだけが残っていて、いつの間にか、なにかを教えられるんですね。

自我の強い女の子が、です。おかしい、納得できないと思いながら、それでもやはり、先生の魅力に惹かれてついていく。そんなふうにして、少しずつ大人になりました。

私は、二十五歳で結婚して、塩見から言われました。「あんたは、嫌いなものは嫌い、好きなものは好き、欲しいものは欲しいっていう女だね。でもそんな単純なもんじゃないよ」って。欲しくないものでも、持たなきゃならない。嫌いなものでも、付き合わなきゃならない。必要じゃないことでも、やらなきゃならないということがあるんだよ。「わがままだ」って。

そのノート事件もそうでした。ついこの間、初めて先生が私に明かしてくださった。「あのとき、ぼくもずいぶん悩んで考えた。どうしようかと。だけど、利かん気な悦ちゃんをやっつけたんだよ。悦ちゃんはくじけないと思ったから。悪かった！」って。

当時、私は、そんなことはわからなかったけれど、いまになってよくわかります。

先生は二度、結婚されて。最初は、同じ音楽の先生と。でもガンで亡くされて、いまは娘のような若い人と結婚している。これも大変な反対の中でようやく結婚にこぎつけたそうです。もてるんですね。女の人が放っておかない。

私も岩上先生と出会わなかったら、女優になっていなかったでしょう。演劇は総合芸術だというけれど、やはりその魅力は先生が教えてくれたと思います。一人ではできない仕事の喜びを、です。

先生やそのころの仲間たちは、いまでも私の公演にみんなで来てくれるんです。四十二年間、一緒に芝居を観て、終わると、近くのお店に行って、みんなでわいわいがやがやと。私もちょっと顔を出して、とても楽しい雰囲気。きっとだしに使われているんでしょうけれど（笑）。

私が舞台で歌を歌うと、先生は下を向いているというんです。上手じゃないから、うまくやってくれるかどうか、心配ではらはらしているんでしょうね。

父母のこと

父と母のことは、やはり年をへるごとに考えます。まさに私は、あの二人の子だということをしみじみと思いますし、いいところも悪いところも受け継いでいます。そして非常に自由に育てられたけれど、でも、こんなことがありました。

塩見がおもしろいことを言うんです。お正月になると二人で千葉の家へ行きます。私は長女ですが、うちを顧みないで好きなことをやっていますから、お正月だけは帰るんです。塩見は養成所のころから、よく一緒に千葉の家へ来てくれました。

そうすると父が、「(塩見) 哲《てつ》ちゃん、何か言って」と言うんです。乱暴なおもしろいことを言うのを父がすごく好きで、塩見が一言言うとすごく嬉しそうにしていました。毒舌と皮肉と、ちょっと破天荒なことを言うから、父は気に入っていたんだと思います。

いつもそうやって楽しくお正月を過ごしているのに、帰るとき、父はすっかりまじめな顔で玄関に送ってくる。私はさっさと「また来るわね」ときゃっきゃっと言っていると、塩見のところへ行って真顔で、「わがままな娘をどうぞよろしくお願いします」と、きちっとあいさつしてました。「変な光景」って思っていたの。

それで、しょっちゅうでもないけれど塩見と口論になると、「あんたはわがままだよ」って言うから、とんでもないって言ったの。そうしたら、「親が一番よく知ってるよ」って（笑）。ああ、そういうことか、私はわがままなんだなと、ふっと考えます。私が引かなきゃいけないのかなって……。

母には、こんな思い出があります。

そのときもお正月で、音楽のことを塩見と語っていたんです。どのメロディーの何拍目にどの歌詞が入るか、というような話になった。その言葉はここにこうくっついて入るのよ、いや、そうじゃなくて、ということをやるわけですね。私はやはり役者が歌う生理から、この音符にはこの言葉がこう入ったほうがいいって言う。彼はスタッフだから、やはりその歌全体の表現を大切にする。お正月の楽しいときにもめてもめて、相当エキサイトするんです。

そうすると母が、「悦ちゃん、あなたは東京で夫にそういう言葉を使っているの」って、身も世もなくワナワナ震えて私を怒るんです。

びっくりして、「お母さん、何を言ってるの、普通に話してるだけよ。こんなこと当たり前よ、二人とも仕事をしているんだから」。

でも、もう駄目。「そんな育て方をした覚えはありません」と、もう許せないというように、ただ怒っているんです。母の言葉は少ないから、迫力がある。

そういう母なんです。すごく気性が強いと言うか、起伏が激しいと言うか。私はそういうものも受け継いでいて、自分を抑えなければならない時がしばしばあります。

母は最初、学校の先生だったんです。兄が生まれて、私が生まれるころにやめたんです。でも、これまで母をずっと見ていて、やはり母は世の中に出る人だったなと思います。民謡会に入って民謡を習ったり、老人会の委員をやったり、晩年いろいろなことをやっていました。そんなとき母は生き生きとしていた。でも戦争があって、家を守り、銀行員の父を支え、子供を育てた。お姑さんがいて、親戚もいて。焼け出されると、女手で土地を買ったり、家を買ったりして、家庭を支えてきました。でも母は、何か仕事をする女として生まれてきたはずじゃなかったかな……と思います。

父は仕事一筋の人でしたけど、曲がったことは許さないというのは、両方の血です。何が曲がっているかはわからないけれど、こうと思ったことはどこまでも妥協しないという、そういうことは二人に共通していました。父も母も、自分に誠実に生きた人だと思います。

夫

夫の塩見は京都の生まれで、自分では「京都は嫌いだ」と言っているけれど、やはり京都の人という感じがします。

お料理は得意。独特の新メニューも登場する。料理が終わったときには、流しはきれいに片づいています。

私が料理を出すと、友人はみんな「ごちそうさま」。塩見が出すと「おいしかった」。いつも悲しい思いをしているの（笑）。だから私は助手を務めます。

わたしが塩見より上手なのは、お裁縫だけです。ボタン付けとか、シーツ縫いとか。塩見は一切しませんから。あとは全部、私より上手。やはり舞台のことをずっとやっていますからね。大工仕事もとても上手です。ベッドも、お裁縫箱も、鳥小屋のように大きな電気スタンドも作りましたよ。若くて元気なころですけれど。彼の描く絵も好きです。私はひたすら助手。

ちょっと投げやりなところがあるんですね。「お金がなくても、何とかならあ」とか、「きょうはともかく豪勢にいこうぜ」とか。どうでもいいっていうようなところがある。「死んでも、たばこはやめないよ」って、一日五十本も吸っちゃうの。悪い意味でも、いい意味でも、投げやりなところが面白い。神経質なところと同居しています。

役者は、演出によって生きもするし、死にもします。随分いろいろな人の演出にかかってきたけれど、これからも、塩見演出の作品には出たいと考えています。変わっておもしろい。

仕事と家庭の両立なんて、考えたこともない。女優であり女房なんですから、それでいいんです。俳優座養成所の同期生で十九歳からいっしょですから、私の欠点もよく知られています。ずっとお芝居仲間ですからね。

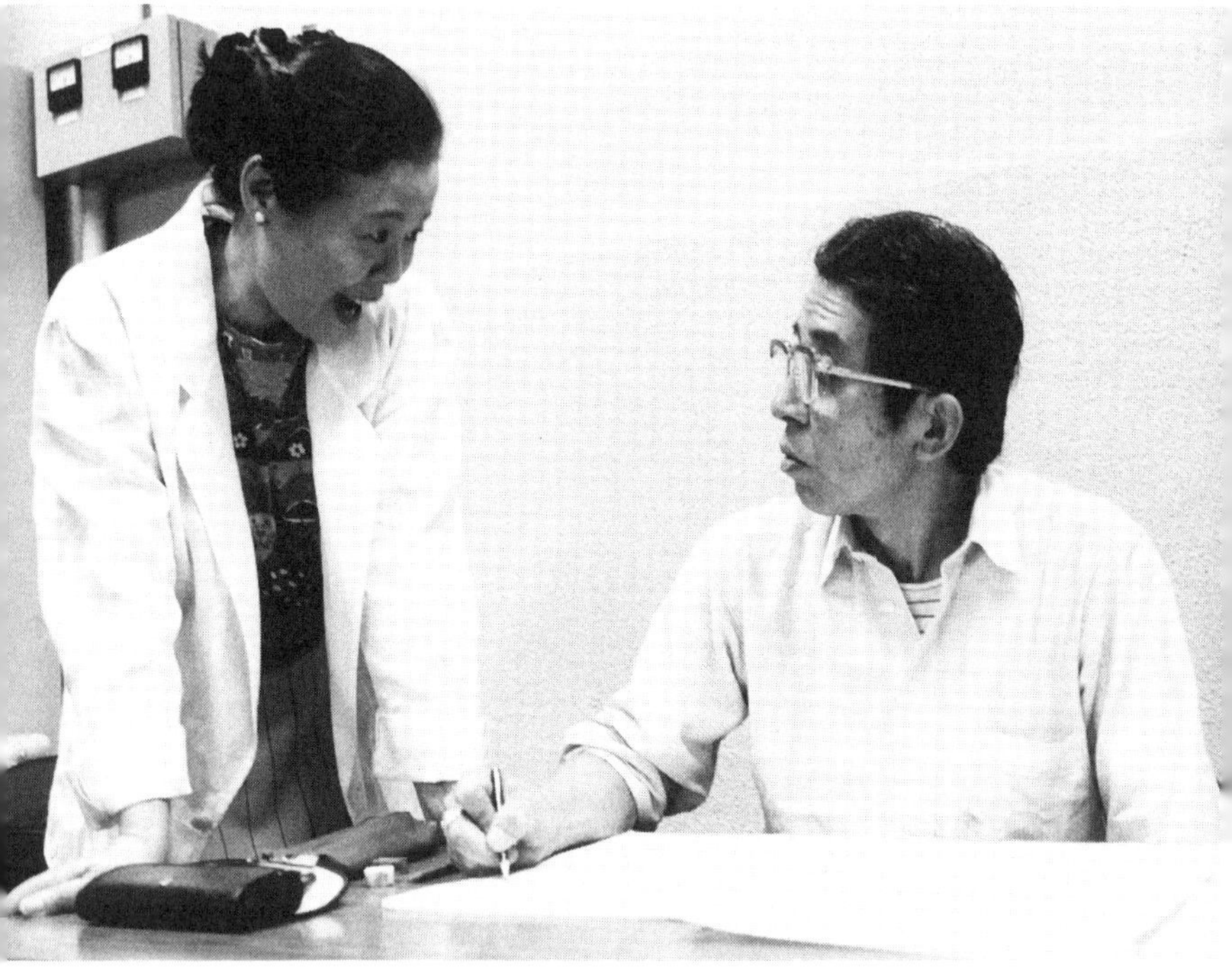

打合せ。夫、塩見哲と。

もう一人の母

塩見の実家は京都ですから、ふだんはあまり行けません。塩見は私のこと「嫁としては三日と務まらなかったろうね」と言いますけれど、京都へ帰る時はいつも二人いっしょなので、「哲と悦《さとし》っちゃん」というふうに、向こうでは一対になっているようです。

塩見の母は脳血管性認知症で、いま病院に入っています。二人で行けば記憶がはっきりするんですが、一人で行くと、どちらも病院の先生になったりします。

仲良くいつも二人でいることが、いちばんうれしいようです。もうお母さんにとっては嫁ではないし、ただ「哲といつも一緒にいる仲良し」というふうになっているようです。

塩見のお母さんは主婦優等生だったから、お料理上手、賄い上手。で、京都の女性だから、おしゃれ上手です。それは今も全部残っています。

私たちが病院から帰るときは、旦那さんが「仕事に行く」と言ったら、そのお金で食べていたから、さみしくても我慢するということが徹底しているんです。「じゃあ、行くからね」、「どこへ行くのや」、「仕事だよ」。「悦ちゃんも一緒か?」、「そうだよ、共稼ぎだから」、「そうかあ」って。

次は主婦で「晩のおかずは何がええのんや?」。「鍋」、「何の鍋?」、「寄せ鍋」。とにかく料理は上手でしたから、海のものをいっぱい入れて。でも具を買いに行くことができないから、「買うてきてくれるか」。「買ってくるから、大丈夫だよ」と言うと安心するんです。

今度はお医者さんや看護婦さんが来て、母に「塩見さん、いただきものしまして、ありがとう」って言うと、母は夫に真顔で「うちがきちっとつきおうてるさかい、ちゃんと挨拶してくれるのやで」。近所付き合いの主婦としてのつとめは、もうきっちりしている。それから今度は「ええの着てるなあ、高かったやろ」。「似合わへんさかい、やめとき」とか、おしゃれのことはうるさい。

歌は好きで、上手で、何曲も何曲も歌詞を全部おぼえていて大きな声で、次から次へと歌うんです。塩見が「そんな大きな声で歌っていいの」。かまわず得々と歌っている。「うるさくて、すみません」と塩見が周りの人に謝ったら、「あんたの知ってる人か」。「そうだよ、みんな友達だよ」「そうか、そんならやたらなこと言えへんな」って(笑)。

いままでずっと一緒にいたのに、私たちが来て、三人になったら、もう周りの人はみんなよその人なんですね。

血行が悪いときは、だめなんです。じいっと見て「ああ、よう来てくれたなあ」。看護婦さんが「塩見さん、どなた？」。名前が出てこない。すると、「あんた、自分で言い」って（笑）。

塩見は「思い出せないものを、そんなに思い出させようとしなくていい」と言うんです。人間そうなったら、いちばん安定した安らかな状態でいたほうがいいと。婦長さんくらいになると「今日はたのしそうですね」って、それだけです。

で、突然、「そうや、哲や！」。「じゃ、こちらは？」、「悦ちゃん」。哲が出れば、悦ちゃんが出るんです。それでうれしいんですね。時々、私が行かないと、塩見をじいっと見て、いちばん信頼する、いちばん愛する人だってことは、感覚的にわかる。だけど血行が悪いときは、自分とどういうつながりなのかがわからない。

そうすると、「先生」。お医者さんになったら、帰るまでずっとお医者さんなんですって。だけど「あんた、だれかに似てるなあ」って。塩見が「哲だよ」なんて言うと、また混乱するから、「ああ、そうですか」と。とても近しい感じなのに、息子と親というところまで確信が持てないわけです。相手が先生でうなずいているから、先生にしておこうと思うのかどうかしらないけれど、不思議ですね。

母を見ていると、自分のこれからのことを考えます。ぼけていくということは、土に還る道筋だというふうに思えます。自然に還る、子どもに返る、年を経て一生を終えていく、ひとつの道程。看病する人も大変ですし、周りの人も大変ですけれど、心安らかにそれをしっかりと受け入れようと、そういう覚悟でいます。

ぼけているのに哲学的なことを言うんですよ。人生だてに生きてはいないし、そしてまた、すごく人なつっこい。子どものようにいきいきと喜ぶ姿とか、天使のように思えて目を見張る思いです。

「ほんとは一緒に死にたいんやけど、一緒には死ねへんのが人間や」って。「一緒に死ねたら、ええのになあ」って、静かにそんなことを言います。

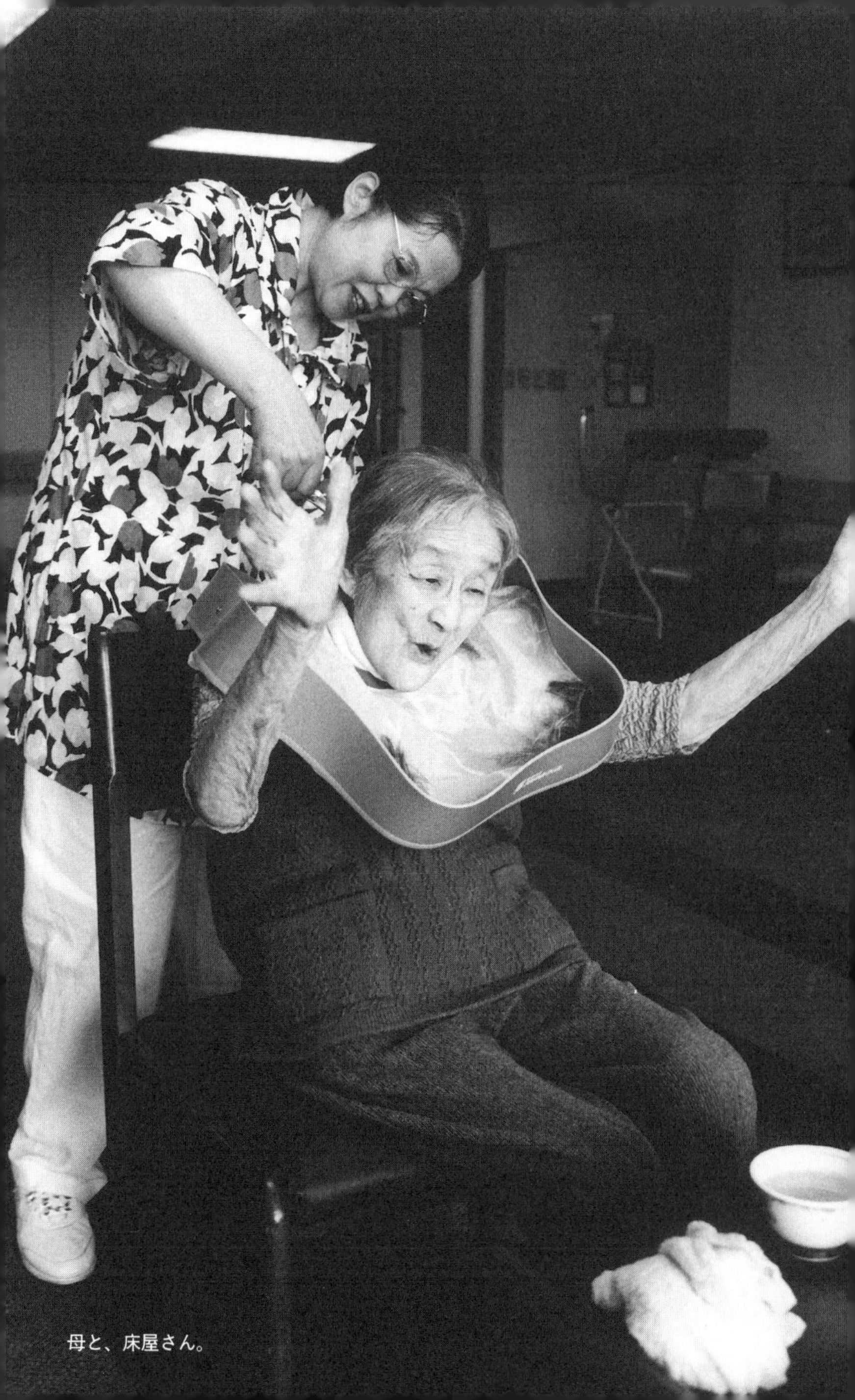

母と、床屋さん。

II

俳優座養成所に入る

俳優座養成所の試験は、一次、二次とありました。

実技は小説の朗読と、パントマイム。何も言わないで、「きょうは、大好きな舞台を観に行く、ああ、嬉しい、部屋に入ってきた、さあ、あと何分だ、出かけよう、はっと気付いたら、チケットがない、どこへおいたんだろう、あ、どこへ入れたんだろう、あ、忘れた、困った、どこだろう、捜す、捜す、ない、ない、時間は迫ってきた、だんだん高ぶってきて、そうだ、思い出した、あのポケットに入れてあった、機嫌が直り、いそいそと出ていく」と、こういうのを動きだけでやるんです。二次はもっと複雑になります。朗読は里見弴《とん》の「椿」という小説を読みました。

それからピアノに合わせて音感。ダンダンダンダンと、いろんなリズムで、それに合わせてグルグル動く。スキップしたり、歩いたり、跳んだりする。歌も一曲歌います。

それから一般教養のペーパーテスト。このフランス映画の監督はだれですかとか、総理大臣はだれですか、などなど。

そして面接。なぜ役者になりたいんですか。

倍率は二十五倍。受かったのは、四十五人。私は役者さんも知らないし、お芝居も全然観たことがない。審査員の顔がほとんどカボチャに見える。あがらないわけですね。

私は日に日に友達と時を過ごして満たされていたので、何かにあこがれたり、都会へ行ってどうこうしようとも思っていませんでした。水着を持って何時にこいといわれれば、水着を持って行って、やれといわれたことを、ただただやっただけなんです。それがどれほど難しくて、それこそ二十五倍なんて全然、あとになってわかったことです。

ただ圧倒されましたね。よく役者の卵というけれど、きれいで、個性的な人がいっぱいでした。私なんかお化粧もしていないし、パーマもかけてないし、素顔のままで来ている。みんな、マニキュアして、髪を染めて、きれいにお化粧して、足を組んでスパッっとたばこを吸っているの、びっくりしました。

私は何かをする時、方法より、得心がいくことが先決なんです。今でもそれは変っていません。

たとえば、里見弴の「椿」という小説は、〝ぽとっと椿が丸ごと落ちる〟という情景が強く私をひきつけたんです。そのひきつけたものの微妙な感じ、肌合いというものに、丸ごととらえられてしまって、それがなんだか得心できれば、さてそれを、どういうふうに表現しようかとなるの。表現方法は肉体的ね。楽しさだって、自分の中の一番楽しい感覚が、体の動きがでてくる。

体を動かすことは大好きでした。木登り、上手。縄跳び、上手。ゴム跳び、上手。とにかくみんな上手ですから、手をいっぱいにのばした高さまで、ゴム跳びは跳べました。体がひとりでに動く。

だから今でも画集などを見て、お芝居のことを考えます。絵の中の人物の姿や動きが、とてもヒントになるんです。ちょっとリアルじゃない人物は余計におもしろい。

で、試験のこと。自分で受かったと思いましたね。どういうわけか知らないけれど、一次が終わって、すごくいい感じなんです。それで、二次は、ずいぶんややこしくなったなと思ったけれど、やはり受かったと思った。四十五人の中に名前が出ていた。あっ、やっぱりと思いましたね。

三年後、俳優座に入ってから、千田是也先生に「悦ちゃんのパントマイムは、踊りみたいだったね」と言われました。批判されたのかどうか分かりませんが、ダンスじゃいけないけれど、あまりリアルでもおもしろくない。そういうことかな。

養成所のころ

のちに私と塩見の仲人もして下さった養成所主事の杉山誠先生は、エチュードをよく見てくれました。こうしろああしろというようなことは、ほとんど言わない。今思うと、それが特徴でした。

いろいろな人がいて、いろいろなことをやって、気持ち悪い演技をする人とか、乱暴なことをする人とか、私の目からはさまざまでした。不良っぽい人もいたし、お嬢さんもいたし、全国から集まってきて、非常に色合いがありましたね。それを一つの色に規制しなかった。あれこれ言わないで自由にさせたというのが、養成所の一番の特徴だったと思います。

だからみんな、われこそはじゃないけれども、「おれはこう行くぞ!」って。人を排斥しないで、みんな自分なりのわがままを通す。夜のアルバイトをして、何かちょっと世界の違うような人もいました。一番よかったのは、その自由さですね。自分のカラーが出せたということです。

それと、朝から晩までよくしゃべりました。演劇論とか、みんなもう寄ってたかって、夜遅くまで喫茶店に行って、しゃべりました。コッペパンをかじりながら。男と女の話も。年齢は十六歳から二十四歳まででした。


発声。大きい声、小さい声、高い声、低い声。速くしゃべる、遅くしゃべる。それから、喜怒哀楽。それを全部、一つのシチュエーションを作って、表わす。感情解放です。

そして今度は音楽に合わせて体を動かす。リズムがどんどん変わって、それに合わせて体を動かす。そして柔軟体操。

それからバレエもやりました。パントマイム。体の動きだけである状況を現わす。そして言語学、生理学、フランス語や歴史の勉強。南博先生の心理学もありました。

そして今度は、お芝居の中の小さい一ブロック、十五分くらいのものをやって、一年の最後には、一幕ものをやって、三年の最後には多幕ものを発表して卒業です。

三年間、朝九時から五時まで、びっちりですね。日曜日だけがお休みです。

養成所の二年のとき、俳優座公演の「町人貴族」に、演技実習で出たんです。そのとき私は踊り子一だか二だか三だか、とにかく男と女の二組が踊る宮廷舞踊、その踊り子になって出たんです。

そのときも、目の前のことがめずらしくて、衣装をつけてかつらをかぶって、へたなお化粧をしてただただ踊っていました。ほかに目移りしない。歌を一曲歌えと言われれば、もう日がな一日それを稽古している。いま思うと、おかしいくらい。

町人貴族の踊りだって、何分か主役の東野英治郎さんの周りで踊るだけなんです。それでも嬉しくて、もう満足。踊り終わると、あの当時の芝居は長かったですから、三時間ぐらい、衣装を着たままで、ずっと舞台袖で芝居を見ているんです。飽きずによく見ている子だねと言われました。芝居は毎回違います。何度見ても見飽きない。出番がくるとまた踊って、また袖へ来て見ているんです。いまでもそうですね。

その頃からずっと、俳優座時代の十五年間は、稽古に明け暮れていました。お稽古して、東京公演、そして地方公演。もうそれしかなかった。寝ても覚めても、風邪をひいても、熱があっても、与えられた役のことだけを、考えていました。情熱があふれるように、かぶさってくるんです。他のことには目がいかない。ハンドバッグは、赤いのが一つ。洋服はほんの数枚だけ。でも若かったから、胸と足の線の出るものをちゃんと着ていましたよ。

他に何も欲がなかった。ただひたすら、稽古場と家を往復。台本、稽古、舞台、その繰り返しでした。

森雅之さんのこと

俳優座養成所時代、森雅之さんが私に、「千葉の顔だね」って。森雅之さんといえば、二枚目スターで、私の大好きなタイプ。当時、森雅之さんは俳優座の「二人だけの舞踏会」という芝居に客演していました。そのお稽古場がすぐとなりにあるんです。それで私、毎日毎日、終電車まで、ずっと稽古をのぞいてました。同じ姿勢で、立ったままです。

そうしたら、森さんが、変な女がいるなと思ったのか、チラッ、チラッと私を見るの（笑）。私はハッとして眼をそらして、かたくなる。恥ずかしいから（笑）。

芝居の稽古は一ヶ月くらいやります。それであくる日から舞台稽古という前の日、森さんがすっと寄って来て、「あした楽屋へいらっしゃい」って。返事もできない。息を飲むだけでした。

で、次の日、どきどきしながら、らせん階段を上がって、初めて見る楽屋に、おそるおそる入って行ったら、森さんが鏡の前でメイクをしていた。ふっと見て、こちらへおいでって。アゴで誘うの。誘因されるように、ふわーっと行く。もう息詰まるような感じ。で、森さんがまじまじと私の顔を見て、「どこの生まれ？」。「千葉です」。「千葉の顔だね」って言う。その言い方に、すごく私は傷ついたんです。

年ごろでしょう。もう少し美人に生まれていたらなあと思っていたころだから。それまでは、運動神経は抜群、何でもできるから、顔なんて問題じゃなかった。ところが、私は女優を目指したんですね。そういうわけにはいかない。そうでしょう。

森さんにしてみれば、それほど悪意じゃなかったにしても、崩れ落ちるようなショックを受けたんです。大好きな森雅之さんに、そう言われて。後は、何も覚えていない。

劣等感というのは、大きなバネになりますね。そのショックが徐々に癒えて、その劣等感を乗り越えて、何かをしっかり身につけなきゃいけないってことでしょう。ありきたりな物言いで申し訳ないけれど。

醜さや美しさというのはなんだろうか。善と悪とはなんだろうか。そういうことを考えますね。役を作るうえで、悪人、善人というのは、ない。美しい人、醜い人というのは、ない。人には、美しい瞬間と醜い瞬間があるだけだ。そういうふうに考えます。

千葉の顔、でしょうか？

だから、魅力的であるってことは、どういうことなのだろうかと。うまい下手は、問題ではない。いい役者、心に残る演技というものを、目指したいと。

こうしてずっとやっていると、上手な人のつまらなさというのが、すごく目につくんですね。「上手ね、でも、つまらない」というのが、どんどん目に入ってくる。あんなふうにはなりたくないなって。そういうふうになりました。

今では、この顔も長いつき合いですから、あきらめてます（笑）。

豊田四郎監督

女優を志して初めてのお仕事は、映画の「雪国」でした。監督は豊田四郎さん。養成所の三年のときです。

川端康成の「雪国」。駒子が岸恵子さん、妹が八千草薫さん、島村役が池部良さん。私ははじめ「雪国」って聞いて、てっきり八千草さんの役かと思った。そうしたら大まちがい。小説の中では〝色の黒い温泉芸者が入ってくる〟と、一行書かれている役。でも映画では、こたつの中で池部さんといちゃついていて、よく笑う女の子に書かれていました。その役を養成所にさがしにきている時、私がバレーのレッスンの最中にスッテンところけて、笑ったんです。それで候補になったわけです。

オーディションでは、二人残った。家で全部せりふを覚えて、動きを全部考えて、工夫に工夫を重ねて、寝ずに考えて行ったんです。

東宝の俳優部屋で、当時チーフ助監督で今は作家の広沢栄さんが「どんな声か、ちょっと読んでみて」。「私、立ってやります」、「いいよ、声だけ聞かせて」。「いいえ、立ってやります」。

もう何ていう人だろう、私って（笑）。そこは大部屋でした。畳で、廊下があって、ちゃんとふすまもある。ちょうどいいと思って、廊下から「こんばんわ」って入ってきて全部やったんです。それでも一人に決まらない。越後湯沢へロケに行って延々と撮影。芸者たちのシーンは二人とも出演するけれど、こたつのシーンに出るのはどちらか決まらない。

映画全盛の時代だから、天気が悪ければ何日も天気待ち。私はスタッフの人たちと撮影隊の一員であることが嬉しくてしょうがない。スタッフの人が声をかけてくれる。「かわいそうにな、まだ決まらないのか」、「はい」。本命の田舎芸者のシーンのことを同情してくれているらしいけれど、私は別に気にもとめていない。とにかくロケに来ていることが嬉しい。そのうえ上げ膳据え膳ですからね。

全然忘れていたら、突然、私に決まった。「みんな外に出てあげなさい」と、豊田監督は全部スタッフを外に出して、メインスタッフだけで撮影してくれました。新人だからって気を使ってくれたんだと思います。池部さんとエッチなことをしてキャッキャッと笑って、じゃれる場面でした。豊田監督は、エッチなほど嬉しがる人なのね。にゃーっと笑っ

四畳半の生活。（撮影　須田善一）

て、何にも言わないで見ている監督さんでした。

それから四十年もたって、ついこの間、池部さんにお会いしたら、「市原さん、あのときからぼくは、毛脛がなくなっちゃったよ」って（笑）。

それ以後、豊田監督が映画を撮ると私を呼んでくれて。巨匠といわれていましたから、一年に三本ほどでしょうか、私はそれで一年、食べていました。親から一銭ももらわないで、四畳半の下宿で。あの頃たたみ一畳が千円でしたから、四千五百円の家賃を払って、もちろん贅沢はしませんでしたけれど、ありがたかったですね。

はじめての舞台　「りこうなお嫁さん」

養成所を卒業して、あれこれあったけれど結局、俳優座に入りました。で、俳優座に入ってすぐ、初めての舞台がなんと主役でした。「りこうなお嫁さん」です。岩村久雄演出、千田是也監修の中国の民話劇なんです。掛け軸の中でお嫁さんが立っている。田舎の貧しい青年、それは平幹二郎さんでしたが、彼はいつも絵の中の娘に話しかけて一人でこつこつ百姓をしている。ある日、そのかわいいりこうなお嫁さんが掛け軸から抜け出てくるんです。お嫁さんにしてくださいって。そういう民話はよくありますね。

そのお嫁さんは心根がよくて、それで歌って踊って、鳥たちが全部そのお嫁さんの味方になって、村の悪人をやっつける。貧乏な人たちを助けて、二人は幸せになるという話。鳥たちは、孔雀や鶴やすごいのが出てくるんです。すばらしい美術でした。そういう舞台なんです。だから美しい夢、ファンタスティックなお話です。

初舞台「りこうなお嫁さん」アイ・アイ（1957年）、平幹二郎さんと。（俳優座提供）

私は周りがよく見えないんですね。周りが私をどう見ているか、この事態はどういうことなのか、全然わからない。恵まれているんだなとか、すごい抜擢なんだなとか、そういうことが全然わからない。あれ、この役をやるの？　どんな役だろう。大変だ、歌を歌わなきゃ、踊りもある、というふうになってしまうんです。そして、ただただやるんです。最初からそういうふうでした。

東野英治郎さんが「この子は、興味のないことは馬耳東風だから、何を言っても聞いてないよ」って、どこかでおしゃったらしいです。本当に目の前のことをやるだけなんです。大先輩のなかで、自分の役を考えることで精一杯でした。

プロ意識　「セチュアンの善人」

病気といえば、二十四歳のとき急性膵臓炎になりました。過労がもとで、ひどい炎症を起して、えそになりかかって手遅れ寸前でした。「セチュアンの善人」の稽古のときです。元気いっぱいでしたから、限界知らずで跳ねまわっていたんです。稽古中に突然、倒れて、激痛と高熱で救急車で病院に運び込まれた。

いい先生と巡り会ったんです。田中剛二先生は塩見を呼んで、「えそになりかかっている。急性膵臓炎だと思って処置しますけれど、いいですか」、「お願いします」。四時間おきにお尻に、クロマイの太いのを注射して。それで手術しないで十五日間で治って退院できたんです。

「セチュアンの善人」は小沢栄太郎さんの演出でした。小沢さんは役者の生理をよく理解してリードしてくれる人です。そのときは私は、シュイ・タとシェン・テ、男役と女役の二役で、歌があって、という大役でした。

小沢さんに「代役は考えないから、必ず十五日で治してこいよ」と言われて入院したんです。毎日「先生、十五日で治りますか」って、そればっかり。注射のせいで、お尻がパンパンにはれて寝られないぐらい痛いんです。それでも、十五日で治って、稽古に復帰しました。

ところがこんどは、尿道炎を併発して。稽古をしていると、知らないうちに漏らしてしまうんです。あわててトイレにかけ込む。小沢さんが「悦子、妊娠したのか」って。そんなことがありました。

そのときですね、プロ意識が芽生えたのは。自分の好きなことをやっているだけじゃない。全国公演でお客さまが待っている。そして俳優座を挙げての大作でした。自分一人の体じゃないということを、はっきりと意識しました。

ところがまた、長い公演の最終日には過労で声が出なくなって。男役と女役、低い声と高い声をギリギリまで使って頑張るでしょう。それで声帯をやられたんです。声が出ないで涙だけ出るんです。声が出ないのは、つらいです。それでまたすぐ入院。しゃべらないで筆談で、のどの疲れを治しました。もとの声が出てきたときは、またまた涙、涙でした。

それを無理して使っていると、低い一色の声になって、声の幅がせまくなってしまうそう

結髪さんと。

です。声を出さないで治したんです。ほんとうにつらかった。

「代役は立てない。絶対、おまえがやるんだぞ」って言われて。私もただただ「私が演るんだ！」と思い込んで。その気になってやりとげる力ってあるんですね。

役者の歌・歌手の歌

「三文オペラ」

一九六二年、二十六歳のときに、ブレヒトとクルト・ワイルのコンビでつくられた「三文オペラ」に出会いました。それから四十年、ずっとワイルの歌を、歌い続けています。俳優座で「三文オペラ」の上演が企画され、大変な歌だから歌のオーディションをやるということになったんです。どんな歌なんだろう、私も受けようかなと思って、そのレコードを聞いたんです。そうしたら、モダンで、不協和音でさっぱりわからない。どれがメロディーで、どれが伴奏か、何がなんだかわからない。

歌っているのがクルト・ワイルの奥さんのロッテレニア、彼女は役者が本業で、不思議な歌い方をするわけです。歌のように聞こえない。もう難しい歌で、五線譜をもらってレコードを何度もかけるんですけど、どこを歌っているのか、何日たってもわからないんですね。大変な歌だなと、オーディションのために独学で三ヶ月間お稽古したんです。それで、虜《とりこ》になった。

オーディションの日、審査員は、演出の千田是也先生、音楽担当の指揮者外山雄三さん、相手役メッキー・メッサーの小沢栄太郎さんの三人。運よく私がポリーをすることになりました。

それからの稽古はまたまた無我夢中。あまりに難しいから、もう虜になるいっぽうです。ブルジョワの娘、跳ねっ返りで、明るくて、ものおじしない、強盗と結婚するような娘だったから、舞台で跳び跳ねていたんです。

それで初日を迎えた。どうにかうまく歌えた。芝居もうまくできた。高潮して終わる寸前、メッキー・メッサーが捕まって、恩赦があって、許される。世の中の悪を一身に背負っている男が警視総監と通じていて、そして許されるという社会批判の結末なんです。最後に小沢さんが「助かったー、助かったー」と歌う。私は「助かったー、私のメッキーが助かったー」。私は、その大泥棒に惚れてる女の子。ところが小沢さんが「助かったー」のところで音程をはずした。その音をとって私が歌うんです。一番いいところ、大泥棒が恩赦によって罪を免れるという、最悪の、資本主義の批判をしたところなんです。〝何だ、この悪どもがまた世の中に帰るのか、どうしようもないな〟という一番のクライマックスで、小沢さんが音程をはずした。小沢さん、審査員じゃなかったの。あたしを審査して相手役に選んだのに、なぜ小沢さんが間違えるの。そこから私は、もう歌えない。全然、駄目になっちゃったんです。あんなにけいこをしたのにと思ったら、もう終わってから、さんさんと涙が出てくる。楽屋へ戻って、あんなにけいこをしてちゃんと歌えたのに、小沢さん、どうしてなの。もう泣けて泣けて。

そのとき、体の弱い後輩が私の身の回りのことを手伝ってくれていた。その人は金魚とお話ができるような人なんです。優しい、色白の、いいセンスを持っているけれど、体が弱いから、あまり舞台に立てなかったんです。若くして亡くなりました。

私がさんさんと泣いているときに、彼女はただただ私の背中をさすってくれるんです。言葉はなにもなくて。私より若いのよ。ずっとさすって、ずっとそばにいてくれて。スキンシップというのか、なにか体中が包まれるような、優しい感覚に、涙が止まりました。肌の感触はいまでも覚えています。忘れられない思い出です。

それから「三文オペラ」は、大阪公演に行った。生バンドですから大阪でミュージシャンを頼んだんです。そうしたらワイルの曲をちゃんとしたプロが弾けないんですよ。そのとき優越しましたね。ミュージシャンより私のほうがわかっているんです。「そこ、音、

「三文オペラ」ポリー・ピーチャム（1962年）。（俳優座提供）

違いますなんて（笑）。いかに難しい曲か、お分りいただけるでしょう。

なんというのか、克服した充実感でしょうか。心の中にワイルの音が住みついちゃっている。非常に演劇的な歌で、ドキドキするの。役者ならではの歌い方を、そのときにずいぶん考えました。ですから、それ以後、普通のじょうずな歌を聞いても、おもしろくなくて全然駄目なんです。自分は満足に歌えないのに、思いは高くなってしまっているから。「心を打たないわね」、なんて（笑）。

心を打つ歌とじょうずな歌は違う。劇の中で歌うから、思いがどんどん積み重なっていくわけです。私、歌はへたです。一曲だけ歌ったら聞くにたえないでしょうけど、ドラマの中で歌うと、ドラマぜんたいが加味されるから、たまらないんですね。それで歌というものに執着ができて、役者歌手なんて言われて、その気にさせられて、縁が切れないんです（笑）。

これまで初舞台からずうっと、配役された八十パーセントの役は歌を歌う役でした。いいところで必ず歌がある。たまたまそういう役がくるんです。ああ、いい役がきたと思って読んでいると、あら、歌を歌うんだわって。宿命的なの。そしていつも自己流に歌ってきました。

やはり歌を歌うと、せりふと違うお客様の反応がふわっと来るんですね。その何かもうたまらない吐息、お客様の雰囲気が、しみじみと染みてくるんですね。芝居の中の歌って、いいなと思います。

クルト・ワイルの歌が私にとってどう魅力的だったかということですけれど、舞台空間が揺さぶられて、遠く果てしなく何かを祈るような、胸がしめつけられるような思い。歌っていて、そういうものを感じます。そして群衆がこちらに何かを求めて、迫ってくるような感じがします。圧倒的な力があるんです。ワイルの歌は、なにか個を超えた、運命というものを感じさせます。

やはりそれは、ブレヒトの戯曲があって、ワイルの歌がある。二人の共同作業で生まれた劇的世界でしょうか。

役作り　「アンドロマック」、「ハムレット」、「津軽三味線ながれ節」

千鳥、シュイ・タとシェン・テ、ポリー、オフィーリア、アンドロマック、クルベット、ノラ、私の分身の女たちが、流れる雲のようです。ひとつひとつ積み重なって、その結果として一連なりになった。そういう思いです。一つの芝居に向かっているときには、もうその芝居のことしか、ないんです。いつもその時、その時を、生きてきました。

「アンドロマック」。トロイアの王妃。日生劇場。三ページの長ぜりふを立ったまま、一点を見つめて、身動き一つせず、トロイアの戦争の状況を延々と語る。夫は殺され、子供も殺され、火の海になって、私の運命はこうなったという話を語るわけです。

その長いせりふを言う時、演出の浅利慶太さんは「折れをつくろう」と言いました。折れを勉強しようと言うんです。ここで折れた、ここで折れた、このせりふの半分で折れたと。ここで怒って、ここで悔しさになって、ここで絶望になって、ここで少し希望の光りが射す。こんな具合にせりふを考えるわけです。ただ情感で読んでいては駄目。ここは絶望、怒り、望み。まず考えなくてはいけない。そして、それを頭に入れて、はっきり折れながら、意識的に体をあやつっていく。せりふは、そうやっているうちに覚えていきました。

まるで道路工夫か、庭師のように一つ一つ作っていくんです。それははっきりと、一つのものを作るという大きな経験です。そうしているうちに流れができて、その流れにのったりさからったり、ほんろうされたりしていくわけです。

「ハムレット」のオフィーリアはまた違います。いくら稽古をしても狂乱の場がうまくいかない。ただ狂ったまねごとをしているだけ。こんなに虚しいことはない。演技がうそ丸出しになってしまうのが自分で分かります。狂ったような感じをなぞっているだけなんですね。稽古がなりゆかなくなってしまいました。そうしたら千田是也先生の奥さん、岸輝子さんが、「あなた、松沢病院へ行っておいで」って。

何のことかわからないまま連れて行ってもらって、一日、松沢病院にいた。私は女医ということで行ったんです。きょうは女医さんが見えますからということで、精神科の先生と一緒に行った。そうしたらもうとにかくすごい、狂気の人たちの私に対するインパクト。

「アンドロマック」アンドロマック（1966年）。

「ハムレット」オフィーリア（1964年）。（俳優座提供）

寄ってきて私の体の中にめり込むように、自分の体を押しつけてくるんです。

かわいい女の子がジーッと私の眼をみて、「先生、命令が聞こえるの。嫌だって言うのに聞こえるの」って切々と訴えるんですよ。嫌だっていうのに「やれ」という命令が聞こえるらしいんです。そして看護婦さんに危害を加えて、個室に入れられたというんです。自分が病気だということを、どこまで意識しているのかわからないけれど、私を先生と思うから、「治ると思う？　先生」って。

そうしたら、今度は向こうで、きれいにお化粧した中年の人が歌を歌っている。映画の一場面のように、高く澄んだきれいな声で歌っているんです。そうかと思うと、文庫本を持って、廊下の端から端までいったり来たり歩いている人がいるの。その途中に洗面台があってそこへ来ると、ぱっと手を洗って、また向こうの突き当たりまでいって、クルッと回ってまたこちらに来る、そしてまたぱっと手を洗う。ずっとそうやっているんです。あの人は重症なんですと院長先生が言っていたけれど、そうやって一日、繰り返しているらしい。

一日そこにいて、何か知らないけれど、私も変になってしまって。目といわず口といわず、身体中の穴という穴から、狂気という空気が入ってきたような。毛穴からもフワーッと入ってきた感じ。どこをみているのか分からなくなりました。

帰る時、格子の向うから鉄格子に顔をくっつけて、「また来てねー」って。よそから人が来るというのは嬉しいんですね、きっと。それで私を見送って、「また来てねー」って。口々に。本当に真剣に。人間のむきだしの裸の世界を見たように思いました。院長先生が門のところまで送ってきて、「ぼくはここが故郷です」って。「ここから出て行くと、普通の世間が怖いです」と言いました。

それで、次の日からけいこができたんですよ。……すごかったですね。

オフィーリアは、千田先生ならではの配役だと言われました。私をオフィーリアにするというのがちょっと独特だということを、新聞記者さんは当時言っていました。深窓のお嬢さんというのではなくて、青春が花火と燃えて散っていくようなオフィーリア。だから、宮廷の中のお姫様が恋をして華麗に死んでいくというのではなくて、花火の爆発のように青春が壊れていく、そんなオフィーリアだったというようなことを言っていました。

「津軽三味線ながれ節」は藤本義一さんの原作で、すごくいい話でした。私が民謡を二曲歌って、山田五十鈴さんが太棹を弾く。私は山田五十鈴さんを慕う無口な弟子。先生の草履をぱっとそろえたりするような。機敏で、やさしくて、よく働く、そういう少女の役。

そのときに方言もマスターしたかったので、津軽へ行ったんです。

津軽で歌っている民謡というのは、こんなに激しく荒々しいものかと思いました。テレビやラジオで聞こえてくるきれいな民謡とは全然違う。ああ、民謡というのはこういうものなのかと、遅ればせながら思いました。すごい吹雪の中で、つらい人生をかみしめながら生きていくときに歌うんだなと。

津軽が舞台なら実際にその土地に身をおいて、その世界に触れてくると気持ちが落ち着きます。ああ、あの嵐を見てきた、あの方言を聞いてきたということが、私の場合すごく支えになるんです。台本の外堀からジワジワとせめていく。机の上だけの勉強では弱いです。

このころのことを思い返すと、まさに私の修行時代、どこかのマイスターの弟子に入ってみっちり修行をした時代というような、そんな感じがします。

アメリカ、ヨーロッパの旅

二十八歳のとき初めてアメリカとヨーロッパに行きました。イギリス、フランス、ドイツ、イタリア、チェコ、ポーランドとまわりました。あのときは、ほんとうによく、お芝居を見ました。泊まった日数より多く見ているんです。そして、会話はジャパニーズ・オンリーとジェスチャーで何でも通じました。塩見は英語で作文してからしゃべるから、私より遅れるんです（笑）。

三日に一度、お風呂のあるホテルに泊まるの。フランスのベッドはずいぶんきしんでいた。ドイツでは、次の間付きの豪華な部屋に案内されてあわてました。「この部屋、ベリー・グッド・バット・ノー・サンキュー」って（笑）。

でも劇場のチケットだけは、いつもS席を買うんです。蝶ネクタイのジェントルマンと着飾ったレディの隣に、二人のみすぼらしい少年、少女のような私たち。ロビーの隅でバナナを食べて、ホットドッグをかじって。そういう思い出深い旅をしました。

PULL
SOME OF THE MOST ADULT AND
ENTERTAINMENT THAT THE THEAT

ロンドンにて。

言葉は全然わからないけれど、いい芝居は通じるんです。面白かったです。つまらないものも、随分見ました。どうして、あんなにも熱中して……。芝居を見ていれば、もうそれで充分。ほんとうに演劇少女でした。

今でも外国の出し物が日本に来ると観に行きます。お芝居、ダンス、京劇、なんでも。チラシをみてこれはいい、いけるかなって、勘を働かせてね。

千田是也先生

千田先生には多くのことを教わったけれど、「あんたのひざは曲がっているな」って。身体的欠陥のようなことを言うんです。私は「曲がっていないわ」と（笑）。もちろん曲がっているわけではないけれど、力が入って変なかっこうになっているんでしょうね。つまりは演技がなってないってことだと思うんです。でも、「あんたの足、ひざが曲がってるな」って、すごい言い方なんですね。全く私の肉体すべてを否定するような感じに聞こえる。「もっと言い方があるでしょう！」と思って（笑）。

そして役者のやっていることに不満なときはそっぽを向いて、見てくれないんです。むこうを向いて、全然見てないんですね。知らん顔している。そのうちにたまに見て、またチラッとこちらを向いているから、ちょっと見てくれたかなと。役者は、自分がつまらないから見てもらえないんだと分っています。当時は、親切にダメ出しなんてしてくれませんから。で、たまにこちらを見て、「そこ、こうしなさい」と言われたら、その一言がもう嬉しくて。

そのうちに「それでいいから、早くやって引っ込め」と、こう言うんです。もうそれだけ言われれば最高です。「あんただけ見ているんじゃない。さっさとやって引っ込む！」。

こちらは見てもらいたいから、こうしよう、ああしようと、いろいろ考えて、家でも一生懸命、工夫してやっていくでしょう。そうすると、それはいいって言うんです。それはいいけれど、早くやって引っ込めと。

それ以来、早くやって引っ込むということは肝に銘じています。人の前に出たら、早くやって引っ込まないといけない。長居しちゃいけない。やってきたことを十二分にやったら、おこがましい。演技も、人生も、長々とやっちゃいけないんだ、ということは忘れない（笑）。

そうそう、おてんばな役のときに、こういわれました。大きなひじ掛け椅子があって、それに座るとき、「椅子の後ろから入れ」って。後ろから入るってどうやるんだろう。私は、そのころ先生に質問も出来なくて。どうすればいいんだろうと。

そうしたら、「普通に座るんじゃない。椅子の背を飛び越えて座れ」。後ろから滑るよう

千田是也先生と、稽古場にて。（撮影　須田善一）

に、飛び越えて、ということなのね。思いきってそのようにしてみると、役の人物がはっきり浮かび上って、自分もすっかりその気になって……。千田先生の魔法にかかったようでした。

「千鳥」という芝居は田中千禾夫先生の作で、千田先生が演出です。そのとき私の役は若い娘、千鳥。お母さんが道ならぬ恋をして、千鳥を生んで洞窟で死んでいった。千鳥は母を知らない。道ならぬ恋をして勘当された母が、最後に生きていたという洞窟に入っていくと、お母さんの櫛と日記帳があって、初めて母の面影に触れる。日記を読んでいくと、お母さんの「千鳥」と呼びかける声が幻想的に入ってくる。

千鳥は、ぼろぼろになったお母さんの日記帳で、初めて自分の出生の秘密を知った。「千鳥」。「はい」と、私がふっと返事をするわけです。

ところがその場面で、私は気持ちが高ぶって、涙を流してしまうんです。そうすると、千田先生は演出をしていて、ぷいとそっぽを向く。横を向いて、全然こちらを見てくれない。若いときはそういう場面で、ついつい泣いてしまうものです。私も「りこうなお嫁さん」のつぎの大役でしたから、二十三歳のころでした。

ああ、絶対、涙は流さないで芝居をするようにしようと、そのとき思いました。役者が泣くんじゃない、お客さまが泣くんだ。役者が泣いたら全然、芝居にならないと。そのときも肝に銘じました。

それから、大変ショックを受けた千田先生の言葉、いつまでも恥ずかしい思いでうちのめされる言葉。「せりふを言いくるめるな」と言われたんです。この言葉は私の宝ものになっています。

せりふをたっぷりと言いくるめて、うまく終わるんじゃない。ちょっとできるようになると、それでやったような気になっている。収まって終わるんじゃない、と。

それはいまの私にはよくわかります。そういう役者はたくさんいます。

せりふというものは、もっと生きているものだし、不安定なものだし、ゆれ動いて、言いくるめられるものじゃないと。

私にとっては、非常に侮辱的な、非常にきついことを言われた一時期でした。

千田先生との思い出でうれしかったことというのは、あまりないけれど。

外国の演劇人が来日してパーティがある。すると先生はやさしい声で「悦っちゃん」って、私を呼ぶ。そして外国人に私を紹介します。「ハムレット」のオフィーリア、「三文オペラ」のポリー、「セチュアンの善人」のシュイ・タとシェン・テ、「人形の家」のノラをやった子だと。

私はまだ若かったから、隅っこで小さくなっているのに、その時だけはちょっと晴がましくて、うれしさ半分、はずかしさ半分でした。

女優・岸輝子さん

そうですね。確かに岸輝子さんは、不思議な女優さんでした。うまく言えないけれど、岸さんはお色気について、いろいろな女優さんを批判していましたね。岸さんが考えるお色気ってどういうものだったのでしょうか。色気らしきもので着飾っている人を批判していました。

岸さんは、器用にやる人じゃないけれど、ズバッというひと声があって、その一つのせりふがドキッとするような、存在感のある人でした。私たちがムード的な演技をすると、「なに気取ってんだよ、あの子は。嫌だね、ベトベトして」と、そういう物言いでズバッと言う人でした。

いつも千田先生は「テルちん、お小遣い」って言うの（笑）。スタッフの人を連れて飲みに行くんだけれど、いつも先生、お金を持っていないんです。それで「もらってきて」

って、スタッフに。全部、岸さんが賄っていた。先生は頭が上がらなかったみたいです。それから私は劇団をやめて、岸さんの晩々年、認知症になって何年間は千田先生が完璧に介護したと聞きました。それは、すごくいい話として私たちのところに伝わってきている。

あの岸さんが、「きょうはどこ行くの」と、毎回、同じことを聞く。そうすると先生が「何時から何とか会議」。五分たつと「きょうはどこ行くの」、「何時から何とか会議」って。何度でも返事をして、最後は下の世話までしたと伝えききます。

「そういうところが、千田先生にもあったのね」と、語り継がれているんですけれど。そうさせる岸さんの人間性と千田先生の思わぬ一面を思って、胸があつくなります。

III

壁にぶつかる　俳優座退団

俳優座で十五年間、わき目もふらずに、いろいろな役をいただいて、つっぱしってきたけれど、気がついてみると、壁にぶつかっていた。ひとことでいえば、マンネリに陥ってしまったんです。

なにをやっても同じようになってしまう。相手の出方もわかってしまう。でき上がりもわかってしまう。せいぜいこんなものかと心が揺れない。風が吹かない。壁がやぶれない。自分が変われない。困ったなと思いました。

私だけではなかった。新しい流れをつくらなければと悩んでいる人たちが、各分野にいたんです。で、劇団総会で連日連夜、ケンケンガクガク。でも、かみ合わなかった。空しかった。それで、新聞に書かれたような、集団の脱退劇というようなことになったんです。

ただ、やめる理由は、一人ひとりそれぞれだったと思います。

私は、当時、観る芝居どれもこれもつまらない。声をかけられても舞台に立ちたくない。

俳優座を退団して。（撮影　塩見哲）

「ああ、こういうときもあるんだなあ、ゆっくり休もう」と、俳優座を出て三年間、じっと冬眠していました。

状況を変えなければ火が付かない、ということは分かっていた。それには、これまでと違う芝居づくりをする人と出会いたい。違う演劇観を持つ人に出会いたかった。と、ある日、鈴木忠志さんから声がかかったんです。私の再出発でした。

鈴木忠志さんの「がんばれよ」

鈴木忠志さんの演出で、岩波ホール第一回演劇公演の「トロイアの女」に出ました。そのころ鈴木さんの早稲田小劇場は、唐十郎さんの状況劇場とならんで、ひとつの頂点をきわめていました。私は、俳優座をやめて三年、演劇に対する情熱が消えて、もう冬眠状態。そんなとき、声がかかった。二つ返事で受けました。

けいこからなにもかも、これまでと全然違う。けいこのウォーミングアップは、ものすごい勢い。私ものりやすい性質だから、ガンガンやったんです。「床を踏み鳴らせ、床を踏み抜け」と言うから、言われたとおりにダンダンダンって。足の裏が腫れて、帰るとき歩けない。足を地に着けることができない。それから、鉄の脚立を持って、後にそるの。倒れて、失神して。「大丈夫。五分もすれば治る」。

「若いね、悦ちゃん」、なんてのせられて、その気になりました。「向こうから、こっちに走って」。早稲田小劇場の小さな舞台を端から端まで疾走させるんです。「壁をぶち抜いてもいい」。「はね返ったら、もう一度向こうへ行け。オリンピックの百メートル競走のつもりでやれ」。「止まれ」。「動くな、せりふを言え」。「もっと、それを小さい声で」。こういう訓練。強烈なけいこ。全速力で走っていた全身の力が、一瞬かたまって、ほとばしるようにせりふが出てくる。

それで、「わかった？　演劇は日常じゃないんだよ」。私って、そういうとき素直ですから……（笑）、何も言わないで、言われたとおりにやるんです。そうすると白石加代子さんが、優しく教えてくれる。「加代子さん、いいんですか、こんなふうで」、「いいと思う。でも、もうすこしね」って（笑）。忠志さんには、ほんとうに絞られました。

鈴木忠志さんは、いつも舞台に出ていく前に、「がんばれよ」と言うんです。どうしてあんなに手を握って、毎日毎日、がんばれよと言うのか不思議でした。どういう思いで、女優の手を握って、そんな熱いまなざしで、じっと目を見て言うのか考えてしまいます。祈るように、行けるか行けないかわからないある世界に、かならず行けよというような。サーカスでいえば綱渡りで、空中を命綱を付けずに、そこをうまく渡れよと。走り高跳びで、あのバーを跳ぶのに、お尻を引っかけるな、高く飛べよというような、そういう感じの握手でした。

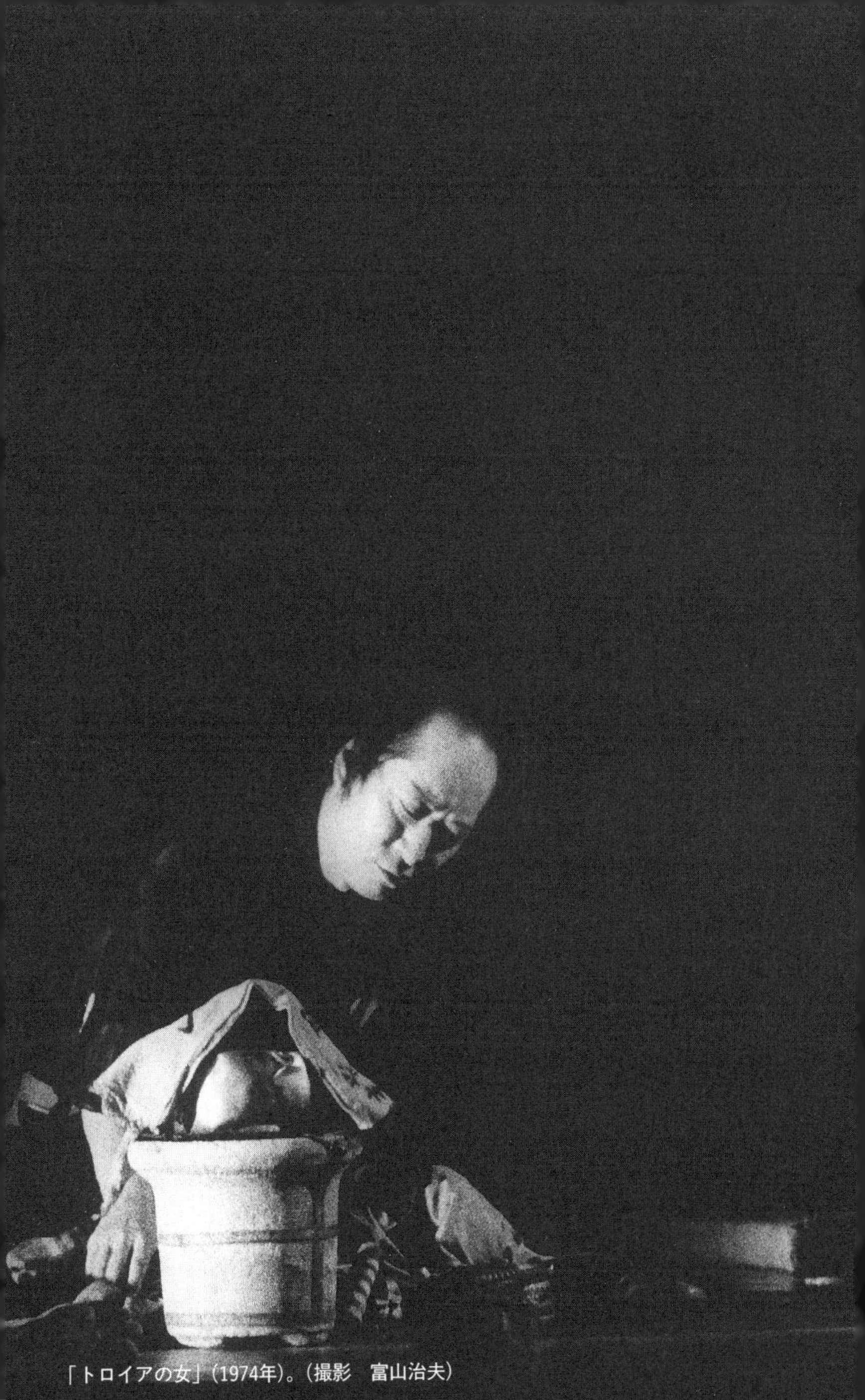

「トロイアの女」（1974年）。（撮影　富山治夫）

マラソンにたとえれば胃の調子、朝、飲んだもの、天気の具合い、風の具合い、あらゆる状況の中で、自分の力を出せるかどうか、分らない。それでも、一つの極点に「行きつけよ」という祈りのようなもの。それは忠志さんの一つの演劇観、人生観であったと思います。

そして舞台で精一杯がんばって帰って来ると、「地下に集合。なんだ、きょうの芝居は。お客にこびる演技をするな！」。カアーッと鬼のように怒る。まわりはみんな早稲田小劇場の人たち。私は、何を怒られているのか、わからない。こびてなんかいないんだけれどなあ。「なんだ、あの芝居は。不純なんだよ」。でも、また次の日は「がんばれよ」。その繰り返しです。

そういう演出家にはいままで会ったことがありませんでしたからね。楽にやれよとか、後で、あそこはこうしたほうがいいよとか、そういうのはありましたけれど。いままで、そういう一か八かの励ましというのはなかった。だから最初は何だろうと思いました。

私なりにある世界を見たわけです。狂気という非常にテンションが上がった、ある高揚した演劇的世界があるわけです。「トロイアの女」の世界は、戦争と市民の虐殺と、滅びの都市。大きな宇宙的な一つの事件の中で、それをどういうふうに見定めて、その時代に生きようとしたか。人間の精神の、もっとも透明な澄んだところに身をおいて、歴史を見据えて、そこで生きる。歴史の渦の中で、精神を研ぎ澄まし、高めて、そして、無になってそこに生きるということ、そういうことだったといまは思っています。

それで、私は、俳優座をやめて三年後にまた火が付いたんです。こんな芝居づくりもあったのかと。三年間、何もやる気がなかったのに、また情熱がよみがえったんです。

商業演劇に出る

商業演劇というのは、懐の深い個人芸の世界です。いろいろな人と出会いました。まずはじめに、とにかくみなさん自分の芸を持っている。芸と芸のぶつかり合いです。

新劇というのは、一つの台本をもとにみんなで作っていくんですね。ところが、彼らは、台本より先に、自分の芸というものがまずあるんです。台本ができていなくても、自分の芸がある。ですから、お稽古を三回ぐらいやって、幕が開くんです。かつらを付けて、着物を着て、お化粧をして。私はもうびっくり仰天。全然、新劇と違う。あの心臓の強さは、すごいなと思いました。

私はお稽古を一ヶ月以上はする新劇で育ちましたから、まず稽古が少ないことに茫然自失。きょう一幕をやって、あした二幕をやって、あさって三幕をやって、次は舞台げいこ、というわけです。みんな、自分の出番が来ると、すぐに台本を見ながらせりふを言って。もう次は台本を持たないでやるんですから。一週間で舞台の幕が開くんです。

たいへんなショックを受けました。台本のこちらはどう書かれていたか、あちらはどう書かれていたかなんて、考えている時間がない。自分のここだけを間違いなくやらなければと。その集中力ですね。人がどうやろうと、絶対にわたしだけはという、それができるかできないか。すごい世界でした。いろいろな育ちの人が一騎打ちをやって、どうやって自分をアピールして、お客さまに拍手をもらうかということで、しのぎを削っているわけです。芸人の厳しさを知りました。芸というのは計り知れないなと思いました。

でも私は、稽古を重ねてこそ、見ることのできる世界に出会いたいのです。稽古なしでは、役者自身が今、ぶつかっている世界を、お客さまにさらけ出して、いっしょに考えるということもなかなかできません。

片岡仁左衛門さん

「津軽三味線ながれ節」で先代の片岡仁左衛門さんと同じ舞台に立ちました。大店の旦那役でしたが、なんともスマートで、その魅力は揺るぎないものでした。ソフトをかぶって、二重回しを着て、縁なしの眼鏡をかけて、袴をはいて、ステッキを、ストン、ストンと振って出て来るんです。口がよく回らないんだけれども、それがまた味わいがあって。いつも奥さんが三歩下がって、楽屋入りするんです。

「おはよ……」と言って、スーッと自分の部屋に入って行く。そのままで舞台にまたスーッと出て行く。せりふは全然覚えていない。それでヤクザが出てくると、さっそうとやっつけて、それはもう、うっとりするくらい完璧（笑）。それはそれは、びっくりしました。

それで、終わると必ず「市原さん、とちりそばです」と、おそばを持って来る。お盆に盛りそばをのせて楽屋に、「きょうもとちりまして、すみません。とちりそばをどうぞ」（笑）。そしてまたステッキを振って、サーッと帰って行く。

仁左衛門さんはそういう人でした。

その後、仁左衛門さんは、目が見えなくなってからも、自分の当たり役の芸をやっていたそうです。舞台で何歩歩いたら門で、何歩歩いたら上がりかまちと全部、覚えていらして。すごいことだと思います。

でも最初は私、「もうどうしよう。あんな人、知らない！」なんて思っていた。稽古のときです。せりふをいつまで待っても覚えないんですもの（笑）。

仁左衛門さんは、関西歌舞伎の巨匠で、国宝で、それが、プロンプを三人もつけて。「おじいちゃん」って、私が言うと、「なあ、そうやなあ」なんて言って、しばらくプロンプを聞いてから、せりふを言う。間がもたないなと思って。

もう私、「こんな芝居、嫌ッ」、「何なの、これ、稽古にならないわ！」って、プロデューサーに訴えました。彼はちょっと困って、でも笑って、「いやあ、幕が開くといいんですよ」と、一言だけ言った。「冗談じゃないわ、やりにくくって」って、本当にそういうふうに言ったんです。私は「井の中の蛙」、プロデューサーは心の中で、なんと思っていたでしょうね。

で、仁左衛門さんは、ほとんどせりふを覚えないで初日になったわけです。舞台がはねて、「素敵ねえ、仁左衛門さん」、どの人もこの人も。友人は私に、「仁左衛門さんのサインをもらって！」。興奮しちゃって、すごいんです。

えーっと思った。ハンマーでなぐられたような感じ。芝居って、はかり知れないと思った。とにかく舞台を観て、惚れ惚れしているわけですから。それで、私は何ということだろうかと思って、考えさせられました。それから、あらためて目がさめました。やはり演劇というのはすごいです。

それからはもう舞台で、おじいちゃんが何も言わなくても、うっとりとおじいちゃんの顔を見て、焦らないで、何分でも待とうと。いくら遅くともにっこり、「おじいちゃーん」って。それまでは、相手が遅いから、すぐに私がなにか言わなければお客さまが退屈するだろうと、急いでセリフを言っていた。穴があったら入りたい。

だけど今度は、相手がゆっくり言ったら、私もゆっくり。ああ、すてきなおじいちゃん、大好きっていうふうに、そこに居ました。そうしたら舞台がいっぺんにふくらんでいったんです。私も豊かになった。

それからはもう、新人であろうと、赤ん坊であろうと、犬であろうと、猫であろうと、同じ舞台に立ったときには、相手の存在そのものを信じて向き合うことを自分に誓いました。

山田五十鈴さん

山田五十鈴さんは、きれいにお化粧して、バンとおっぱいが盛り上がって（笑）、堂々としていて、泰然自若。すっと坐ったら、何もしないのに、まるで吸い取り紙のように、周りで一生懸命お芝居しても、きれいに吸い取ってしまう。横綱相撲というけれど、周りはこうやったり、ああやったりしても、結局は疲れてしまって、自分からへたり込んでしまうような感じですね。すごい役者さんです。

「たっぷりおやりなさい」というような感じ。人の邪魔をしない。そして大らかに自分も始める。魅力的でした。

テレビの連続もので出番を待っているときでも、背筋を伸ばして静かに待っている。「お願いします」、「はい」。いちばん早い。座につくとすぐにはじめる。そして終わると、「お疲れさま」と、さっさと帰って行く。

「女一人、大地を行く」という感じです。「別れるときは全部、財産を男の人にあげて別れる」と聞いたけれど、きちっと自分の力で生きているというとびきりのさわやかさを感じます。

そしてまた、私は、とっても可愛いい山田五十鈴さんの一面を見て知っているのですが、それはないしょです（笑）。

広沢瓢右衛門さんのこと

大阪の浪曲師、広沢瓢右衛門さんの芸は私の一つの指針です。

芸術座公演の「ちょんがれお駒」では、浪花節語りの役をもらって、いろいろな浪曲師のレコードを聴きました。その中で瓢右衛門さんの浪花節を聴いて、「これだ」って、奮い立ったんです。素敵だなって。

どんなふうに説明したらいいのか分からないけれど、理屈がなく魅せられて、面白い。おかしいやら、涙が出るやら、批判精神があって、いじらしさを感じて、骨抜きにされたんです。

それはこういうストーリーで、こうなって、というふうな浪花節じゃなくて、突然歌になって、突然語りになって、突然日本語から英語になって、突然現代になって、未来になって。その進行が破天荒なんです。

それで、何度も何度も聴いて、指導していただいて、「佐倉義民伝」の一節を歌うこと

広沢瓢右衛門さんと私。

ができたんです。

彼は竹薮の中で稽古したそうです。すると「おじいちゃん、何やってんの」と孫が来て、あっけにとられて見ている。そういうときに、家族がすごく煩わしかったと聞きました。大変な高齢なのに「一人にしてくれ」って。自分で物語をつくって作曲して、歴史を語って人間を語って、そして現代の浪花節なのね。いかしてるのよ。大好きな憧れの人でした。

そしてまた彼はたいへんな悪声。広沢虎造さんと兄弟弟子で、虎造さんがしぶいいぶし銀のような声で語っていて、「自分は雑音のガサガサの声で全然売れなかった」と。小間物屋をしていて、六十過ぎてから大活躍して、すばらしい晩年でした。彼の芸は、私の志すものです。

ヌードの話

いままで私は、二度、脱ぎました。ヌードになったんです。映画「燃えつきた地図」のときと「金閣寺」のときです。「金閣寺」のときは放火魔の母親役。裸になって寝ていると、息子がずうっと顔を寄せてきて。

あの映画で印象的だったのは、お釜からすごい勢いで湯気が出ていた場面です。その湯気のむこうに立ったとき、湯気につつまれて画面も私もすごくきれいで、湯気が好きになりました。

「燃えつきた地図」のときは、安部公房さんに強くすすめられて、出演が決まったんです。共演は勝新太郎さんでした。で、撮影に入ったんですけれど、監督の勅使河原宏さんが、とても紳士でしょう。夜、ホテルの部屋で、「入ってもよろしいですか」、「どうぞ」。静かに入って来て、スマートに座って、「実はこういうわけで、裸になってもらいたいんです」。

それでうちに帰って、塩見にどうしようかしらと言ったら、「さっさとなれよ」。「安部さんにくどかれて、きちっと監督が頼みに来るんだから、さっさとなれよ」って。それで、脱ぎました。上半身、裸で立った。勝さん、私のおっぱいを見て、「かわいいね」って。それだけ覚えている（笑）。

待つということ　「岸壁の母」

実在の人物を演じるというのは、またいろいろ興味深いことがあります。

「岸壁の母」の端野いせさんにお会いしました。とても強烈な印象があります。

この役を演じる自分の解釈ですけれど、戦争に行った息子の帰りを待つことは、生きることそのものであると。帰ってきてほしい。待っている自分が切ない。でも、そんなことよりも、待っていることが生きる支えとなっている。待つんだ、必ず帰ってくる息子を待つんだ。もしこれで帰ってきたら、その人の人生はどうなるんだろうと思うぐらい、待つということが十字架になって、その人を支えているんですね。

この十字架を背負っていなければ駄目なんだということが、生きる力になっている。そういうふうに感じたんです。そうなってくると、息子に対する愛情だけじゃないんですね。それが人として強いと思ったんです。

だから舞鶴へ行って、引き揚げ船を見て、帰ってこなかったと涙します。でも、また出掛けて行く。生きている限り、待つということが生命力になっているから、へこたれないんです。その強靭さを感じました。

母親役

私は、何度か流産しました。いま振り返ると、やはり子どもができなかったということは、さみしいことです。市原家は多産系でしたから、子どもができるのは当然と思っていた。それで仕事をやって流産し、また仕事をやってということを繰り返して……。ですから、あなどっていたわけじゃないけれど、バチが当たったのかもしれません。

子どもって、そんなに、簡単に持てるものじゃないんですね。やはり妊娠したら、大事にお腹の中で育て、大事にお産してという、とても大変なことだということが分かっていなかったんですね。

ほしいものができなかったとなると、親や子に対する関心が深まります。どうして、あいうふうな子どもができるのかしら、どうしてああいう親なのかしら、と気になります。私ならこう育てるのに、と。

TBS「わが母は聖母なりき」(1980年)。

これまでなぜか、子どものいない私に、母親役が多く来ました。私は、子どもでも、夫、親、姉妹、友人と同じように、全部「大事な人」と考えて仕事をしました。「この人がいなくなったらどうしよう」、「この人が怪我をしたらどうしよう」、「一人でもしっかり生きてほしい」ってね。ですから私がやると、子どもに対してベタベタしない。子どもがいる人は、どうしてもそこは生理が違うんでしょうね。でも私の場合、それでかえって、子どもがなつきます。「子どもとのシーンがいい」と、よく言われました。

でもあるときから、「もう、母親役はいい、特にホームドラマはやらない」ということになった。「子どものある人に、やってもらおう」と。やはり私は一人で生きている女性のなにかを演じたい。その人たちと握手して連帯したい、と。

独り身の人には独り身の世界があって、独り身であるゆえに、いきいきと生きられる人生というのを、見つけていると思うんですね。何回か流産して病院に行って、もうできないということがわかって、私も泣きました。

けれども、いつの間にかあきらめていました。生来の楽天性というのでしょうか。もうできないとなったら、できない人生を、どういきいきと生きようかと。

夫の言葉に助けられてのことですけれど。

奇跡のように

ヘレン・ケラーの「奇跡の人」で、サリバン先生を演じました。その時は、重度重複障害の生徒さんのいる学校をたずねました。ヘレン・ケラーと同じ症状の人が数人いました。じいっと、床に座っているんです。聞こえない、見えない、しゃべれない。だから完全な闇の世界ですね。五感がどんどんなくなっていく世界にいるわけです。

で、何をするかといったら、先生がボールをゴロゴロと坐っている生徒さんに投げてあげる。体を刺激するわけです。突然、ドンとボールがくる。そうすると今度は、生徒さんの後ろにいる先生が、生徒さんの手を持って、ボールを一緒に投げてあげる。物が向こうへ移動した。何かが動いた。またボンとくる。そうして五感を退化させないように、常に体にショックを与え続けるということなんですね。

それからたくさんのヘレン・ケラーの伝記を読みました。お母さんがすごく立派な人で、自分の腰にヘレン・ケラーをひもでくくりつけて、ヘレンはふりまわされながらいやおうなしにお母さんについてまわるわけです。そのかっこうでお母さんは洗濯したり、お炊事したり、バタバタと一日中、家の中を歩き回ったそうです。それと、ヘレンの家には大きな犬がいたんです。その犬がヘレンにすごくじゃれる。生き物同志のスキンシップですね。お母さんと愛犬。それが大きく、ヘレン・ケラーを目覚めさせていったんです。

そういうことを思うと、サリバン先生というのは、肉の塊となっても、ヘレン・ケラーを刺激していかなきゃならない。サリバン先生というのは、十六、七歳なんです。まだ若いの。そのうえ彼女も目がよく見えなくて、貧民窟で育った人なんです。だから、これまであるイメージのように知的な先生じゃないんです。ねずみといっしょに育った不幸な女。でも食べるために働かなくちゃならない。それで孤児院から出てきて、先生としてヘレン・ケラーのところにやらされたんです。

二人は肉の塊がぶつかり合うようにして生きた。生理的に、動物的に、血と心を揺さぶる。そういうふうな解釈でやりました。当時中学生だった荻野目慶子ちゃんが、それに応えてくれました。「なぜ、スプーンを持って食べないの」。もう礼儀作法を教えるんでも、何でもないんです。「あたしの言うようにやりなさい！」。

「奇跡の人」アニー・サリバン（1979年）、荻野目慶子さんと。

やがて、二人の心が向き合うのね。抱き合って涙を流して、「よく言うことを聞いてくれたわね」。二人は涙でぐしょぐしょになって抱き合うんです。二人で何かをなしとげた連帯感、人の肌のぬくもりというのはこういうものだ。こういうふうに闘って生きていくんだ、というようなことです。

そういう役作りだったんです。いままでとは違うサリバン先生の路線を見つけたから、非常に楽しかった。ただ怪我がすごかったですよ。慶子ちゃんはとても感性がよくて、すごく暴れてくれた。それこそ、もう身体中が傷だらけでした、二人とも。

役にあやかる

「未亡人」と「ウイングス」

「未亡人」というお芝居は、愛する夫を亡くした女の、どうしようもない乱れというものが書かれているんです。そこらへんの道行く男に抱かれたくて、色気を振りまいて、夜のちまたに入っていく。子供たちは母親を信用しなくなる。でも最後にはそこから立ち直って、もう一度自分の人生をしっかりと歩いていこうという、そういうお話なんですね。

そのとき、思うのは、私がもし大事な人を、それが息子であれ、夫であれ、親であれ、共に生きてきた大事な人を亡くしたときに、果たして自分はしっかりと生きていけるだろうか。

ケインという作者は、自分の半生を振り返った自叙伝として「未亡人」を書いて、アメリカでベストセラーになったんです。

「この人はどうやってそれを克服したんだろう」。私は、すぐ「あやかりたい」と思うんです。よく働く女。子供がいた。ところが、仕事は放り出す、子供には背かれる。ぐちゃぐちゃになって、男を漁って寂しさをまぎらわす。それでも、この人はそんな死の淵から自分を取り戻したという。

すると、私はあやかりたくなるんです。そもそも私は、役に対してあやかりたいという気持ちが強くあります。

だから役をやるときには、そういう女神にかしずく。運の女神じゃない、幸せの女神じゃない、何の女神といえばいいのかしら。「あやかりたい女神」かな、そのようなものにかしずくところが、私にはあります。

そう、「ウイングス」の舞台では、女主人公は飛行機事故に遭遇して、記憶を失い、自分の出生から何から何までわからなくなって、孤独の中で、言葉も失ってしまう。本来の自分を失ってしまった女の人が、もう一度そこから自分を取り戻すということに、「あやかりたい」という思いがすごくありました。

理屈抜きに、そういう願いが強いんです。ひとごとではない、私がいつ未亡人になるか、いつ飛行機が落ちるか、知れたものではないでしょう。暮らしていて、この世の災いに目をそむけられません。

毎日毎日、信じられないような事件が次から次へと起きているでしょう。でも、同じ時代を生きる人たちがなぜ？　どうしてそんなことって。とても知りたいと思う。
フィクションとして演じるときには、その人物の内面を語れるわけですから。大変な仕事をしているわけですね。役者という仕事は。

あこがれとか、夢とか、こうありたいという願望というのは、やはり大変な力を持つと思う。ですから、劣等感も、マイナスではない。劣等感や欠陥というものがなければ、さらなる上を見られないということだってあるでしょう。ですから「欠陥人間」のほうが、俳優に向いているとさえ思います。満たされていないものを満たしていきたいという思いは、表現するうえで非常な原動力になると思います。

「ウイングス」スティルソン夫人（1982年）。

「未亡人」リン・ケイン（1983年）。

強く優しく生きる 「女橋」

私は何でも、あやかりたくなるんです。「女橋」のときもそうです。あれは両手のない役。両腕を斬られた、置屋の芸者の卵の物語です。その置屋のお父さんが、自分の女房の浮気に嫉妬して、錯乱した。夜中に男がしのんできたと思い込んで、自分のところの芸妓を日本刀でメッタ切りにした事件です。大阪は堀之内の八人殺し。実話です。

私は両手を斬られて、でも一命はとりとめた。やがて、画家と一緒になって、子供も生まれた。でも、結局、若い女の子に夫を取られて、一人になって尼さんになって死んでいく。

藤本義一さんの原作を読んで、結局そういう人にあやかりたくなるんです。こんなにも強く、こんなにも優しく、生きた人がいる。何という人生だろう、と。

まず彼女は自分のお尻を自分で拭けるようになりたいと思うんです。両手がないから、むずかしいでしょう。どうしたと思います？　かかとの上に紙を置いて、しゃがんでおしりをずらす。

拭けるようになったときの喜び。人に拭いてもらわなくていい、自分でできる嬉しさ。そこから始まって、口と足で、なんでもするの。足で浴衣を畳んで。子供を産んで、足で育てる。口に筆をくわえて字を書いて、「忍」という字が上手だったそうです。

柳家金語楼さんが、彼女が亡くなったとき、「ねえさん、なぜ死んだ」と号泣した。金語楼さんは、力になってあげようと彼女のところに行くと、反対にぼくが慰められて帰ってきたと。

小柄な、昔の女の人。どうしてそんなに強く優しく生きられるんだろうと、私は魅せられました。


撮影のとき、一度転ぶと手がないから起きられない。顔をつっかえ棒にして起きるから、ひたいに砂利がめり込んじゃって大変でした。そのまま、アップで写ってるの、ちょっとすごかったわよ。

それから、忍という字は、大きくふすまに書いた。口で筆をくわえて書くと、いい字が書けるんですね。手先だけじゃなく、はいつくばって全身で書くから字に力があるの。あまりに夢中になってやりすぎて、前歯を折っちゃった。信じられないでしょう。

TBS「女橋」（1983年）。

私は、苦労する役じゃないと人前に出るのが恥ずかしいんです。美女ではないし、見ているだけでうっとりするようなものはない。でもこの体ひとつでお金をもらってるわけでしょう。

へたでもなんでもいい、けいこをたくさんしたとか、とても苦労したとか、そういうことがないと、お客様の前に出るのが恥ずかしい。

大好きな作家の秋元松代先生。誰かに聞いた話ですけど、とにかく取材に明けくれるそうです。何年もかけて取材する。雪国だったら雪国に泊まって構想を練るんでしょうね。充分下しらべができると、登場人物の名前がきまるんですって。そうしたら、しめたもの。ボウフラが防火用水から上がってくるように、その付けられた名前の人が、どんどん言葉を発する。もう書いているのが間に合わないぐらい、どんどんせりふが出てくる。そのときには、もう構成をああしよう、こうしようなんて、そういうことじゃない。登場人物が自分で動いて、結末をつけてくれるそうです。すごいですね。そうなるまでの時間がものをいっているんですね。だから、何事もそうなんだなって。

「女橋」の撮影で、ひとつ忘れられないことがあります。最後に、私の両腕を切ったお父さんと牢屋で面会するんです。そのときに、私はどんなふうにお父さんと会えばいいのか、とても悩んだ。怒るのか、笑うのか、顔をそむけるのか。どうしたらいいんだろうって。で、格子の向こうでお父さんが泣きながら謝るんです。でもそのときに、閃いたんです。お父さん、謝ることはないわ。お父さんと私は、この世の中で切っても切れないつながりがあるんだから。

両手を斬ったお父さんを恨まないんですね。なぜって、お父さんは、私の運命を作った人だから。この人がいて、私がいる。そんなことを思ったのは、そのときが初めてです。ああ、こういうこともあるんだなと思いました。

お父さんが死んだら、自分の生きている証しがなくなってしまうわけです。この人が私の運命を定めた。この人がいるから私がある。両手のない私を、だれが理解してくれるだろうか。だから、お父さん、死なないでほしい。そういう間柄があるんだなと思いました。いま、彼女は高野山で静かに眠っています。

ドラマの中で実在の人物をやるときは、苦労というよりも、興味や関心のほうが強いですね。その人の人生を知って、あやかりたい。何か教わりたい、近づきたい。そういう思いがあります。

いろいろな人を理解して、おどおどしないで、ヒステリーなどを起こしたりしないで、暮らしたいですから。そしてやっぱり優しい女になりたい。強くて優しい人になりたいですね。だから、いろいろな人のつめのあかを煎じて。

「その男ゾルバ」のこと

「その男ゾルバ」の私の役、オルタンスは、もっと老けたおばあちゃんなんです。本当に枯れはてて、ようやく立っていることができて、ただただ昔の思い出に浸って、あのころはよかったって。原作は、そういう女なんです。

だからほんとうは、私ではまだ若すぎるんです。切ない老人のお話ですから、私にはまだ残念だけれど、そういう味わいは出ないでしょう。それで、出演を受けるか受けないか、ずいぶん迷いました。

どうしようか、私にはできないと。けれども、アメリカの女優さんは、五十代から始めて七十代まで二十年間も、そのオルタンス役をやっているということを聞いた。ゾルバ役にしても、アンソニー・クインと藤田まことさんを比べても、これだけの年の開きがある。だからやってくださいと説得されたんです。ともあれ原作にぞっこん惚れてしまいましたので、よし、ひるむことはない、と。

もうなんと言えばいいのか、オルタンスはシャバの女とは違う。すっかり汚れて、男の苦労はもちろん、さまざまなことをしてきた女の果て。でも私、そういうの嫌いじゃないですから（笑）。

ああ、この人、晩年、死ぬときだけはいいことがあったねって。あの男ゾルバと出会ったんだから、ゾルバにみとってもらえたんだから。もうすっかり、〝その男ゾルバ〟にはまっていました。

この公演の振り付け・演出補だったジョン・ミネオとは、言葉が通じなくても非常に気持ちが通じ合った。ジョンは、ゾルバの精神、オルタンスという女の落ちぶれた気持ち、そしてあの独特の舞台空間、そういったものを、ほんのちょっとの助言で十分に伝えてくれました。言葉をついやさなくとも、一冊の本からお芝居をつくっていくのに国境はないなと思いました。ジョン・ミネオと出会って、とても幸せでした。

「もう一回、ア・タ・マから」、「もう一回、ア・タ・マから」と、ダンスのレッスンの仕方がさわやかで、何度でも積み重ねていく。「アメリカのブロードウェーの女優さんと、お仕事をしているようだった」と、ジョンが私のことを言ってくれたそうです。外国の素敵な人と出会うと、やはりこころと視野が広がります。

ジョン・ミネオとともに。

「その男ゾルバ」オルタンス（1986年）。

まな板の鯉　「雪やこんこん」

自分とは遠くかけ離れている役、育ちも生活も全く違う人間の役、そういう役にはかえってひかれます。そういう役をいただいて、どうしてもできない、わからないとなると、かえってのめりこんでしまいます。何とかしなければと考えて、虜《とりこ》になってしまうんですね。

「雪やこんこん」は女剣劇の座長役で、劇中では「国定忠治」も演じました。作者は井上ひさしさんで、わたしにうってつけだといって書いてくださったんです。ところが、私はそういう素養がないんです。俳優座でも全くやったことがない。

観てくださった方からは、はまり役だったといっていただきましたけれども。

ああいう、見栄をきったりするのは全然できないんです。一から教わったんです。日本舞踊もできないし、和事も一切していないから、台本をもらったとき、こんな役、私にできるのかしらと。でも、私にあてて書いてくださったんだから、やらないわけにいかない。

国定忠治を演じる。

「雪やこんこん」中村梅子（1991年）。

本当に途方に暮れました。

それで沢竜二さんがわたしの師匠で、手取り足取り、教えてくれたんです。ところが、私が突拍子もなくできないんですね。箸にも棒にもかからない。まねは一生懸命するんだけれど、とても見ていられない。

だいたいがそうなんですけれども、「恥も外聞もなくやるからおもしろい」って、みんなが笑うんです。こうやれと言われたら、突拍子もなくそのようにやるんです、我を忘れて。自分の姿が見えないのを幸いに、やるっきゃないと。その破れかぶれがおもしろいんじゃないでしょうか。そして、みんなが同情して、助けてくれるんです。不思議ですね。捨て身になってやっていると、手を差し伸べてくれるんですね。


わたしは、まな板の上の鯉になりました。何回か、いままでの芝居人生で、そういうことがありました。自分はもう失うものはない。あなたは私を望んでくれた。私をいかようにも料理してくださいと、そこで腹が決まるという性質があるんです。どうともなれ、できなくてもともとと、腹を括るところがあるんです。そうなると、恥も外聞もなく、さらけ出して、やれと言われたことを、本当に素直に、とことんやるんです。

そうするとまわりがびっくりして、そこまでやるならもうちょっと直してあげようかと。

もうちょっと抑えてくださいとか、徐々に手をかけていただいて、できてくるんです。沢さんが「市原さんは、そこまでやるかっていう人ですね」って（笑）。あとになって考えると、恥かしさと感謝の気持でいっぱいです。

まんが日本昔ばなし

「まんが日本昔ばなし」は二十年続いて終わりました。よく二十年も続きましたね、と言われますけれど……。

昔ばなしの画面には何ともいえない懐かしさがあるし、昔はあんなふうにのんびり生活していた、それもいいなあと思います。それから自然との触れ合いの快さも。

絵がよかったということも大きかったと思います。生の人間を映すよりも、アニメには、ことさらの広がりがありますからね。一枚一枚の絵にすごくこくがあった。それから動きが少ない。新しいアニメのようにあまり動かないってことは、動きじゃなくて止まっていて深さが出るんですね。

それから、人間ってすごくちっぽけだっていうことを、やるたびに思い知らされました。「ほんとにちっぽけだ、人生は点でしかない」ということを。どんなに素直になっても、

「まんが日本昔ばなし」収録風景。常田富士男さんと。

いいことは起こらない。努力しても実らない。理不尽なことがどんどん起る。でも、それでもこつこつと生きていくのが人間なんだということを、また深く思い知らされるという。そこが不思議な魅力でした。

何をやっても大したことはない、「どうせだめなんだから、飲んだくれて、どうこうしちゃえ」とか、「いいや、もう人生なんて」、といってしまえばそれまで。やはり、大きなもののなかで生かされていく、それが人間なのだと。

十五分の物語の中で、人間はもちろん、動物も植物も鉱物も、一人でいろいろな声を引き受けます。でも、おもしろいですね。絵を見てケチの役だと思ったら、ケチケチ、ケチケチって、口が動くんです。「ケチだぞ、ケチケチケチケチ……」と、こう聞こえてくる。「このやろう、ケチだぞー」って、自然にそういうふうになってくるんだから、しようがないですね。

やまんば（山姥）は、どういうふうにって？　やまんばはすっごく大胆で、怖いものがなくて。そして小さい虫もかわいがってね。そういうイメージが湧き出るんです。髪の毛がザアーッと長くて、オッパイはダラーッとして、ブワーッと大きなからだでね。

自分に暗示をかけるのね。そして声の出し方なんていうんじゃないんです。それこそからだの中のほうから、何かが出てくる。創造力が、絵によって誘因されて触発されて、もう声が出てるのね。

でも、声といえば、天下の力持ち二人が中国大陸と日本列島にいて、太いくさりをひっぱり合って、力くらべをする話があったんです。そのときは、困りましたね。「ヒャアーウー、フヒャアーッ」というようなせりふです。そして常田富士男さんより、私の方が力持ちの役なんですよ。普通に声を出すと女性の声になるし、「そうだ！」と思って、息だけでせりふを言ったんです。お相撲さんを想像して、あの高見山関からヒントを得てやったら、力持ちのようになりました。

ずっと、子どもは意識してやっていなかったですね。作る側の、わたしたち大人が興味のあること、やりたいことをやっていた。子どもにわかりやすくとか、子どもを相手にした教育的な考えも、二十年間、一切ありませんでした。

自分が子どもごころに返って、雨垂れが、ひたいにポトッと落ちたら、「アアーア、気持ちがいいな」と。いまはみんな雨に濡れたり、泥に汚れたりするのを嫌がるけれど、なんてこの滴がいいんだろう。そよ吹く風がどんなにか気持ちがいいんだろう。大人のわたしたちが忘れていたものを、蘇らせて、その心地よさを表現して、そして見てもらおうと思っていました。

それから、昔の言葉をわかりにくいから、いまふうに直そうとか、そういうこともしなかった。「わからなかったら、おばあちゃんに聞けばいいや」って。それはそれで、よかったと思います。

家政婦は見た！

「家政婦は見た！」というテレビドラマは、もう十八年も続いていますけど、あれは庶民の闘いのドラマだと思っています。家政婦が働きに行く相手は、大きくて、力があって、われわれ庶民とは価値観が全然違うという、そういう図式になっているんです。そこで知らない世界を見て、違う価値観に驚いて、そして怒って、でも細々と庶民の生活を続けていかなければならない。そういうのが骨格なんです。

それがうまく出せればいいと思って、毎回、苦労しています。だから私にとっては好き嫌いの問題ではないんです。情熱的な、反骨のドラマだと思います。表現の仕方はいろいろと滑稽であったり、ずるけていたりしますけれども、一番の精神はそれなんですね。

それと自分の力で、死ぬまで、倒れるまで、日当をもらって、自分の汗で生きるということ。それは、人間が生きていくうえでの原点ですね。お掃除をして、洗濯をして、それでお金をもらっている。主人公は、そのことをしっかりと守っている。

それから、世の中の不透明な闇の世界、そういう部分に目を向けて、それがどういうものか知りたいという欲求と好奇心、それは非常に健康的だと思います。その健康的なエネルギーを闇の部分に向けて、反抗していくという、そういうドラマでしょう。だから、やりがいのあるドラマなんですよ。

あまりそれを露骨にやると、社会派の重いドラマになってしまう。どこらへんまでおもしろくやれば、お客様は娯楽編を見ていながら、そういうことを考えてくれるかという加減がすごく難しい。

若い十代の女の子に、「『家政婦は見た！』の何がおもしろいの」と聞いたんです、テレビのインタビューで。そうしたら、「最後に泣かせるところが、いい」。「人生って切ないね、って感じがいい」って言うんです。それから、「言いたいことを言うのがすてき」、とも。

野村昭子さんのケチな会長さん、ああいう人をどう思うかと聞いたら、「お金にしっかりしていていいと思います」とか、「あんな人に相談に乗ってもらいたい」とか、そういう答えが返ってきたときは、嬉しかったですね。

普通の主婦の方は、覗きだとか、エッチな関係とか、そういうことを言うんです。それ

テレビ朝日「家政婦は見た！」

もあるけれど、でも若い人はちょっと違う。私の狙っていることが、ある程度伝わってい
るのかなと思って、嬉しかったですね。

戦争童話集

いま私は、いろいろなところで朗読をしています。「凧になったお母さん」、「青いオウムとやせた男の子の話」、「年老いた雌狼と女の子」などなど。これは、野坂昭如さんの『戦争童話集』に収められているお話です。それから、「ちいちゃんのかげおくり」、これはあまんきみこさんのものですが、子どもが戦争で死ぬというお話です。

私の朗読は、死とか戦争とか暗い話が多いといわれるけれど、私自身の現在は、戦争を抜きにしては語れない。いつも言っているけれど、戦後の食糧難の時代に、いまの私がつくられたといってもいいほどに、あのころの生活が私の原点です。

人と争って、一歩でも人の前に出ようとか、ほんの数秒間を競って金メダルを取ろうとか、そういうのは私には合わないんです。それはもう戦後の、あの時代に培われたなにか、だと思います。

食べることができて、殺し合うようなこともなく、自然の移り変わりの中で、穏やかに生きて土に還っていけばいい。それが私の土台です。「生きてりゃいいさ」っていう（笑）。

朗読を通して分かってもらいたいのは、どうして、ちいちゃんが、死ななきゃならなかったのか。かっちゃんが、どうして死ななきゃならなかったのか。そのことがもう許せない。

「ちいちゃんのかげおくり」も野坂さんの『戦争童話集』の十二篇も素晴らしいですね。そのことが非常に詩的に美しく書かれていて、しかも戦争を知らない世代の人たちが、これが戦争なのかと思いあたるといいます。

それともう一つは、野坂さんもおっしゃっているけれど、共生・共存ということがあります。

私の妹が「共生一」、「共生二」という題を付けて、絵を描いているんです。そして二人の友人と三人展で作品を発表したりして、絵の好きな妹なんですね。それが不思議な絵で、全部が動物のようでもあり、自然のようでもあり、人間のようでもある。なにか不思議なものが、一つの画面に、もやもやっと描かれていて、色はブルーが基調になっている。

いま思い出して、それを例に出したんですけど、『戦争童話集』もそうなんですね。どの作品も、地球の生き物が共存・共生している。それもまた、戦争体験から、そうありた

「市原悦子ロードショー」稽古風景。

いという深く強い願望に根ざしているんだと思います。

私ね、努力とか、頑張るなんて言葉は好きじゃない。無理して頑張っている人を見るのは、いやなんです。悲壮でしょう。「才能ないんだから、やめなさい」って言うの（笑）。「ないんだから、頑張りなさい」とは言わない。

走るのが好きで好きで、いつも順位は真ん中だけれど、ひたすら走っている。そういうのが好きなんです。

誇り・女優として　「ディア・ライアー」

「ディア・ライアー」が終って、いまでもよく眠れません。それはやはり、役が大女優であったこと、これはやっかいなことでした。私と役のキャンベル、二人の女優が嫉妬したり優越したり、哀れみ合ったりするんです。でも、一生を女優という仕事で終えたキャンベルの誇りを、大事にしたかった。

バーナード・ショーとキャンベル、二人の物語です。作家と女優は普通の人にはない、特殊な関係です。プライドを持って自立した男女が、こんなにも裸になってぶつかり合い、また支え合っていくものかと、そのさまをしっかり出したかった。時代を背負って、世界を股にかけて仕事をして、そこに戦争があり、子供があり、夫があり、でも人は死ぬんだということを、お客様に語りたかったということですね。

ところが、そこへいくまでのせりふの量が膨大です。台本は全部で百四十四ページもある。それが二人芝居だから、一人ほぼ七十二ページ。それは常軌を逸した量でした。

「ディア・ライアー」というお芝居は、ほんとに集中力が必要でした。二人だけで長ぜりふでしょう。せりふといっても書簡を読むのであって、普通のリアルな対話劇ではない。一方的な書簡をもらって、一方的に書簡を書く。せりふの掛け合いというのではなくて、次元が違って、話しが飛ぶわけでしょう。それでシーソーのように、二人のバランスが必要なのね。それにこんな長ぜりふは、「アンドロマック」以来。しかも、二人芝居だから、なおさら大変です。

理想は、覚えたことを全部忘れて舞台に出ていくことです。あれを言おう、これを言おうということが全然なくて、です。私は女優、美しい女優、イギリス演劇界に君臨している。そういう状況をふっと自分の中にみなぎらせて出ていく。それだけで、せりふはほとんど考えないで出ていくのが、理想なんです。

ところがあるとき、ちょっと自分のやっていることに疑問を持って出ていったんですね。疑問というか、冷めてというか、その気にならないで、ということ。そうしたら、せりふが全然出てこないの。舞台げいこだったんですけど、先へ進まなくなっちゃったんです。これはすごい経験、失語症のようになった。

だからこの芝居は、いかに自分でその気になるか、いかに自分が満たされているか。豊かになっていないとできない芝居だったんです。あそこはカットした方がいいなとか、あそこのテンポは、なまぬるいなあとか、そんなことがちょっとでもよぎったら、できないんですね。とても怖かった。それで立ち行かなくなって休憩をもらいました。二度と、こういう落とし穴にははまるまいと思いました。非常に集中力がいるんです。そういう芝居でした。

ところが、「トロイヤの女」のけいこでは、まったくその反対のことがあったんです。逆に、その気になれないで、ここはこうやれと言われた。ここは高めろ、間を持て、ここは低い声でやれ、ここはにらみつけろと。言われたことが、全部白々しく、意識されて、義務感のようにそれを一つ一つやっていった。

ところが、その日はいつもより、とてもよかったといわれたんです。そういう経験もあるんです。あんなにぎくしゃくして、なだらかにいかず、気持ちは乗らず、なのに。演技は半分冷えて、半分夢中になってといいますが、そうかもしれませんね。

キャンベルの舞台が終わって、一つの大きな挑戦が終わったという感じ。一つの仕事をやり終えたという充足感はあります。

それから、もう一つ、今初めて言うのですが、千田先生のことが頭にありました。やは

「ディア・ライアー」キャンベル（1998年）。

り、こういう芝居をすると、育ててくれた千田先生の力が全部私の中に入っていることが、自分でよくわかります。もう千田先生はこの世にいない。だからこそ千田先生にみてもらおう。今まで教わったことは、私のこころとからだに入っているのだから、と。そう思って、いつも舞台に出ていきました。

それと、この「ディア・ライアー」は演出家の渡辺浩子さんが、私にすすめてくださった芝居です。ずいぶん情熱的に説得してくださった、その渡辺さんも、急にあの世に旅立たれた。ですから、千田先生と渡辺さんに、ささげる芝居でした。

現と遊び

「ディア・ライアー」のキャンベルは最後に死ぬんです。若いときは元気で、強気で、そしてわがままでしたけれども、だんだん仕事もなくなるし、体も老いてくるし、本当にみじめになっていきます。まさに絵に描いたように。けれども、だんだんおだやかな心になって、そして日当たりのいい、眺めのいいところで一生を終わるんですね。よくわかるような気がします。

私は両親や兄の死についてはいろいろな思いがあります。でも、いま自分のことを言えば、まさにキャンベルと同じように、好きなことをずっと、事故にも遭わずに続けることができて、いいことは何もないけれども。でも、他の職業をうらやむことなく、職業替えをしようとも思わずに、今日までやってこられたことを、やはり何かに感謝しなければいけないと思っています。

周りには迷惑をこうむった人が必ずいるでしょう。自由勝手なことを一人がやっていれ

ばですね。だから、人生の後半はキャンベルさんと同じように、みじめな日が待っていると、ずいぶん前から覚悟しています。

女優なんて、本当に「現《うつつ》と遊び」、何が現実で何が遊びかわからない、その中間をふわふわと飛んでいるんですね。

IV

舞台　いまを生きる

過去のことを、いろいろ言うのもいいけれど、いま感じていることを、語るのもいいかな。

演技をするうえでいちばん大事なことは、いま、ここ、です。過去にやったことは、いつの間にかいろいろと積み重なってくる。役者だけじゃないでしょうけれど。だけどそれを全部取っ払って、いま非常にうぶな、純な気持ちでここにいる。このときを、震える心が、とても大事なんですね。

役者は何遍も何遍もおなじことをするわけで、お客様はいつも入れ変わって「いま」ですけれど、私たちは何度も繰り返しやっている。そこで役者は、いつも、いまを生きなければ。

それにはいつも言うように、お稽古するしかないんです。お稽古をすればするほど、自分が自由になって、過去を忘れて、お稽古も忘れて。そして、そこで非常に自然体で舞台に立てる。そこに相手役がいて、ひと言、話し出したらすうっと続いていく。次のせりふのことなんて考えない。芝居が始まったら、そこに「いま」が刻まれていく。すごく難しいけれど。そうありたい。

それと、ハンディがあると、道が開けることがあります。この間、ライブショーがあったんですね。ところが連日八時間の稽古、本番の前日に、喉にビールスが付いた。風邪をひいて声が出ない。どうしようかと。でもそのとき、「もう、声が出なくたっていい。今日の明日じゃないか、声をふりしぼってやってしまえ」と。

役者ですから、風邪をひいた舞台だってないわけじゃない。だけど歌は素人ですから、どうなるだろうかといささか深刻でした。けれどもそれを吹っ切ったわけです。

なんといえばいいのか、全身のパワーで声を押し出す、せりふのように歌うしかなかった。そうしたら、発声がいままでより、よくなったんです。

あとで、一緒に歌っているジャズ歌手の原久美子さんが、「きょう、市原さん、発声変えたの?」。変えるなんて、できるわけがない。「えっ」って。「わたしたちと同じ歌い方になったわね」。久美子さんとハモるなんて高望みもはなはだしいのに、でも、ハモらなければが課題だったのです。それが、風邪をひいたおかげでハモったのです。

ですから、ハンディがあるときに、いい芝居ができるということがあるんです。千代の富士が肩をなんども脱臼して、両肩を脱臼したときに横綱への道が開けたという。やはり力まかせ、健康、若さというものだけでは、なりたちいかないものがあります。例えば、足に怪我をしたとか、からだに不都合があるとか、年老いて声が弱ってきたとか。そのときにどうするか。すごく冷静に、ハンディを補うことの大切さが、わかってきたように思います。

自分の何かが欠けたときに、別の何かが見えてくるということがあります。やはり満たされた中にどっぷり浸っていたときにはわからない、あこがれ、羨望、そして反骨。こうありたいというハングリーなこころ。なにかハンディがあって、眩しいものを見るときの心持ちは、特別なものがあります。

思いつくまましばらく言えば、真剣勝負の競演がいちばん理想的ですね。相手がこう来たら、こう出るというように、しのぎをけずって、競いあって舞台をつくっていくのが、いちばんおもしろい。

それには瞬発力、集中力がものをいいます。自分のせりふの番になったとき、もちろんきちっと相手の言うことを聞いて見て測って、でも、ストーンとそこで切り替えて、潔く自分を噴出させるということの、残酷なまでの意志力。それがすごく大事ね。それがやさしい、柔らかいものであれ、厳しい、強いものであれ、瞬時のうちに切り替えるということの、その潔さ。それが、「いまを生きる」ということです。

そうなってくると、だんだん、うぶになるんです。年を取るほどに、うぶで、純でなければいけないということ。それが神髄なんですね。だから技術やわざが重なってくればくるほど、逆のほうにいかなきゃいけない。子どものように、無垢になって、天真爛漫になる。そうでないと、ただ年取ってきた人の説教的な、うさんくさい演技になってしまうんですね。それをいかに乗りこえていくかです。

でもそれは、演技の場合だけじゃなくて、人との付き合いもそうでしょう。自分がいかに自分らしく素直であるか。びらびらしたなにか装飾的なもの、年代を意識して、積み重ねたものによりかかるんじゃなくて、いかにストレートに、シンプルに、自分がそこにいるかということ。それができれば、結果なんてどうでもいいんです。そういう自分であれば、表現につながっていくんですね。

あの人は、なにを遠まわしにしゃべっているんだろうとか、いいたいことと逆のことを

稽古場にて。

言っているなとか、ありますね。それは大人の世界に、いっぱいあるけれども、そしてそれがある力になって実を結んでいくということもあるけれども、あまりきれいではない、余計なものをぶら下げてる人が多いですね。

余計なものを捨てると広がりが出てきます。そうなると、つかみどころがないくらいに、魅力的になるんじゃありませんこと（笑）。

稽古好き

私の稽古好きは、自他ともにあきれるほどです。

ある稽古の最中に「私、この芝居、ずっと稽古だけして本番がないといいわ」と言ったの。その時、共演者は「ええっ、かんべんしてくださいよ。稽古は適当で本番をやりたいですよ」って、あきれてました。

どうしてそんなに稽古が好きなのか、ちょっと考えなければいけませんね。まあ、稽古は冒険ができて、新しい表現に挑戦できるから。お金をもらっている責任がないから。約束ごとを守らないで自由に動けるから。その魅力はいろいろあります。

でも、もう一歩ふみ込んで稽古好きを考えてみると、その正体は「遊びをせんとや生れけん、戯れせんとや生れけん……」（梁塵秘抄）、この歌のもうし子であったのです、私は。生涯遊んでいたいんです。

そこには初日もなければ新聞記事もない。お金も名誉も計画も努力もない。すてきな仲間と歌って踊って、いつまでも遊んでいたいんです。私にとってお芝居は遊びでありました（笑）。

公園にて。

台本をもらって

台本をもらって、自分のせりふはさておき、いろんなことを考えますね。本に書かれていないことも含めて考えます。役のキャラクター、それから社会の状況とか、どんな顔をして、どういうふうに手を上げるだろうかとか、ほんとうにさまざまなことを。実際にせりふを声に出したり動いたりする前に、考えること、準備することがたくさんあります。

この場面の情景ってどんなだろうなと思うと、画集を広げてみて、絵をパラパラ見ていると、はたとドラマの中の情景と同じような絵が出てきたりするんです。そうすると、何かつかみどころのない空間のニュアンスというものが、絵を通して分ってくる。その中で交わされる言葉の響きというのはどうなるんだろうなと、全然違うところから攻めていくんです。そんなことがいろいろ想像できたとき、いよいよ、やる気になりますね。

ところが、台本を早くから分かったつもりになって、このせりふはああだこうだと、演

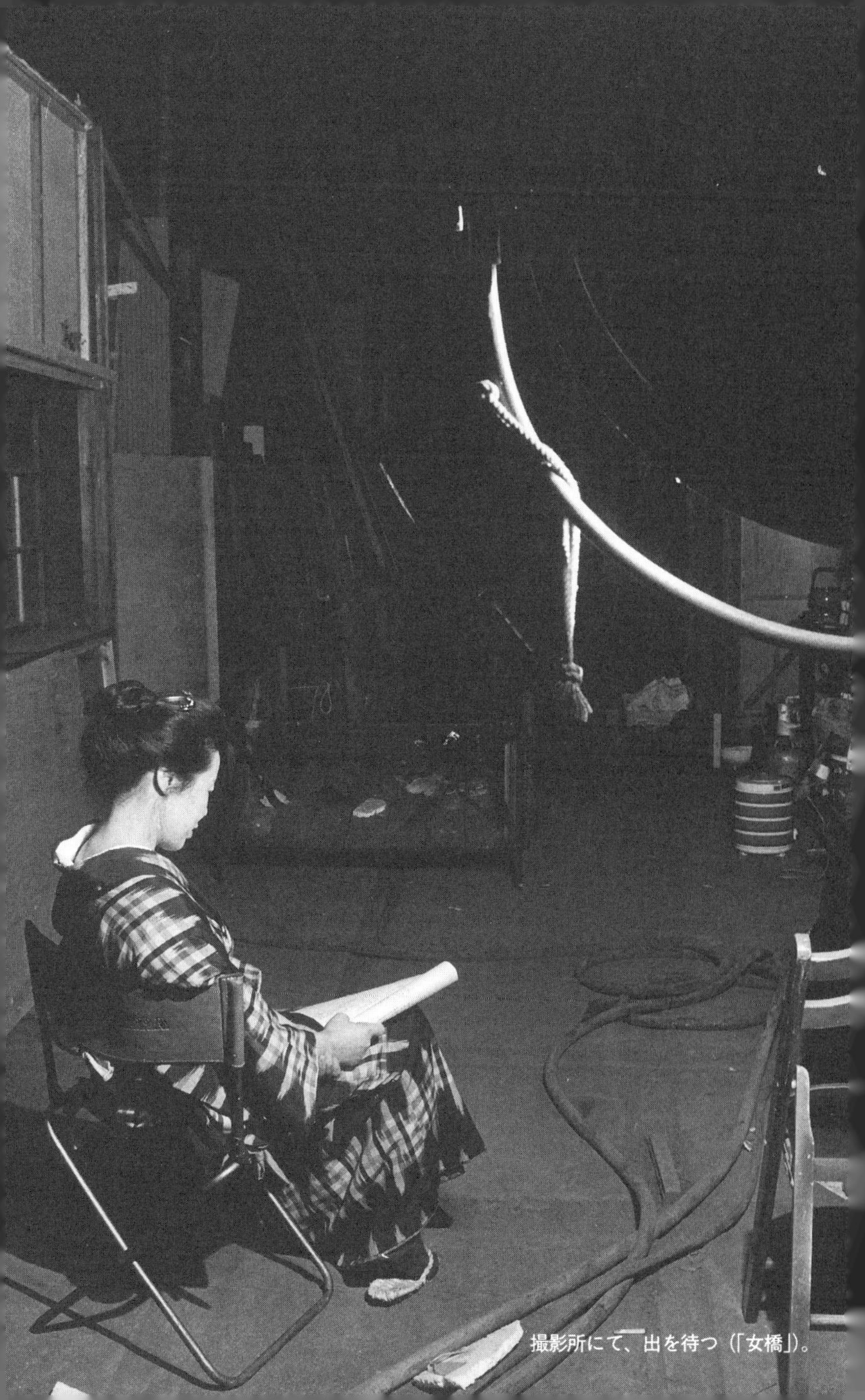

撮影所にて、出を待つ（「女橋」）。

じるほうに早まってしまうと、底の浅い、「あら、そこで行き止まり？」というような芝居になってしまいます。

　最後の最後まで、距離をおいて、ああでもない、こうでもないと……。私はせりふを覚えるのが遅いんですね。いつも本番ぎりぎりまで覚えないで、スタッフの田中有実子さんに助けてもらうんですけど、そういうふうにできるだけ突っぱねて突っぱねて、ニュアンス的にものめり込まないようにしています。

　で、最後の最後に、もうここらへんまでだなと思いさだめたときに、その気になるんです。そして、自分の役にピョンと跳びうつるんです。

　ですから、右往左往している時間が長ければ長いほど、いいんです。散らばれば散らばるほど、横道に逸れれば逸れるほど、いいんですね。

せりふ合わせ

なんといっても、スタッフの田中さんがせりふ合わせをしてくれるので、助かっています。二人で、皆さんの倍はせりふを読んでいるでしょう。彼女が相手役をやってくれるんです。

私のやり方は、一人で覚えるということをしない。自分のせりふだけでなく、必ず相手とせりふをやりとりします。そして、はじめから終わりまでちゃんとやる。ト書きも読む。相手のせりふをじいっと聞くんですね。すると、どれだけの時間がかかって、どんなことを言っているか、冷静に客観的にことの流れが分ります。そして、その次にくる自分のせりふが、それによって変わってくる。相手がいると、すごくいいんですね。だから随分おかげを被っているんです。

「ディア・ライアー」の長ぜりふは二人でとことんやりました。稽古場へ入る前の三時間、五時間稽古して、そのあとまた二時間、頭が回らなくなるまでやりました。「もうだめだ、

やめよう」となるまでやるんです。それはもう心強いですね。やればできるんだというこ
とになっていますから（笑）。
でも、それだけやっても間違いだらけなんです、私の本番は。しようがないですね、は
たちのころからそうなんですから。どれほど稽古しても間違えるんです（笑）。

東野英治郎さん的

このごろ特に東野英治郎さんを思い出します。私の芝居のつくり方が全体的に、総合的になってきているんです。以前は、「ここをこうして頑張って、あそこをこうして。ここができたから、今度はこっち」というふうに、頭がはっきりすっきりしていたんです。ところが、いまは、そうじゃない。どこもかしこもぼやけている。それで初日に向かって、進んで行くんです。

そこで東野さんを思い出すんですね。このごろ東野さんに私がダブルんです。もう心配させるんですよ、東野さんは。せりふは覚えないし、「どっち行くんだったかなあ」とか言って、もたもたして。それで気が入っているんだか、気が入っていないんだか、わからない。もちろん味わいはあるんです。「東野さん、大丈夫ですかあ」、「まずいなあ」なんて言いながらやっているんですけれど、しっかり初日に照準が合っている。

私も、前はちゃんと台本に線を引いて、「ここは、上手に動く」。いまはもう、ボワーッと薄い鉛筆で線が書いてあるだけで、もう頭の中に全部が入っているのか、ちゃんと記録もしていない。全部がもやもやと入ってきて、だから私のやる役も徐々に近づいていきて、ある時、ストンと役と自分の二人があい寄っている。で、何かをしゃべり出すときには、もう覚えているんだか、覚えていないんだか、わからないけれど、初日を迎えている。

ですから最近は、塩見もあきれはてて、「でたらめはもういいよ。うねりを出してくれ」って（笑）。以前は怒って、「せりふを覚えてくれなきゃ、演出できないよ」と言っていたけれど、いくら言われても覚えられないんだから、しょうがないですね。「もう、ちょっとのとちりなんかいいよ。全体のうねりを出してね」と言うようになってしまった（笑）。そのように、私はいま、全体的になっていて、東野英治郎さん的です。

後ろ姿

後ろ姿って、いいですね。

私は舞台でもテレビでも、その時、顔を隠したい、見せたくないと思って、後ろを向くことが多くあります。日陰に入ってシルエット姿になるのも好きです。

木漏れ陽で見えたり見えなかったり、柱のかげで大事な場面が見えなかったり、街の雑音でせりふが聞こえなかったりが、大好きなんです。いわば光と影が好きなのね。見たいものを見せないことが情緒になるのかしら。遠いところの姿はいつまでも見ていたい。

ブラジル・養蜂場にて。

楽屋

楽屋というのは、もちろんリラックスして、そして気を溜めて、舞台で一気に花を咲かせるためのところです。憂さを晴らすところであったり、ヒステリーを起こすところであったり（笑）。あまり優雅なところじゃないけれど、自由に振る舞えるところ。そしてもちろん、準備ができるところ。

初日前の楽屋というのは、やっぱり不安定ですね。居心地も悪いし、逃げ出したくもなります。日数を重ねるごとにだんだん安定してくるんですけれど、安定しすぎるのもまた落ち着かない。居心地がよくなって、おさまりかえったらだめなので、ほどをみて、また不安定要素を自分で見つけて、スリリングにしておくんです。その綱渡りのバランスが楽屋です。

楽屋にて。

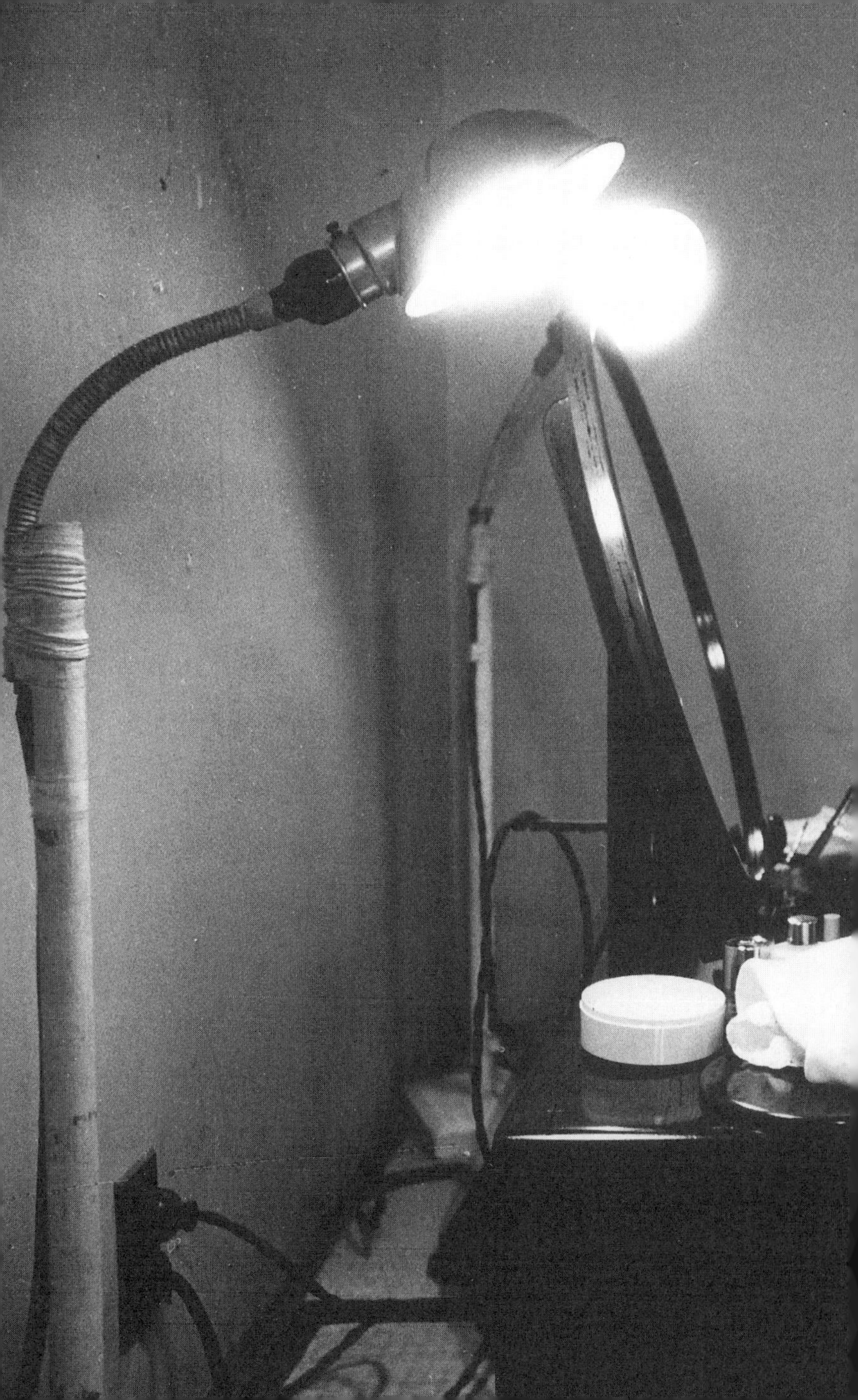

緞帳のあがるとき・おりるとき

緞帳が上がって、舞台に第一歩をふみ出すときは、やはり緊張しますね。初日は、とくにどきどきします。そのとき、何を思うか。私の場合は、ごく普通のことですけれど、稽古でやったこと、稽古でできたことをちゃんとやろうと思います。それ以上のことは望みません。

ただ、稽古で作ったものを無にすることだけはさけようと。一緒に作った人たちに対して、責任を果たしたいと。例えば演出家、相手役、照明さん、などなど、一緒に作った一番身近な人に対して、きちんと応えなければ。だから欲を最小限に抑えて、出ていきます。

逆に、カーテンコールのあとは、芝居が終わって、今度の仕事もここまでだったかと思うと、とても寂しいです。装置から何もかも、創ったものがガラガラと音をたててくずれていく。髪の毛の結い方だって、何日も何日も工夫を重ねてきめたものです。指輪一つにしても、この石やあの石を組み合わせて、染めて作るわけでしょう。それが、終わればくずになるわけです。人の目にも触れず、何の役にも立たなくなって処分される。それは寂しいものですね。

けれども、そのとき、自分の中に何が残るか。それが問題。その舞台をやる前と後と、私はこれだけ違っているということが、宝になるわけです。たとえそれが不評であれ。それが宝です。

それからお客様の心に何を残すことができたか。それはもう雲をつかむような、実体はないんだけれども、たとえわずかであれ、何かを残すことができたならば、その少しのことが、積み重なっていくのですから。

旅先で、仕事が終わって、ホテルに戻って、何をしているのか聞かれることがあります。そういうときは、終わった仕事の整理をしたいですね。一人ではそれこそ独りよがりになるから、心ある人たちと話して、自分の意見を聞いてもらって、その人たちの意見を聞いて、それでまとめておきたい。あのとき、あれが足りなかった、これがよかったんだというようなことを。

それを話し合っておくと安心するんです。そうでないと、すぐに次の仕事にかまけて、

舞台フィナーレ（「その男ゾルバ」）。

全部、忘れてしまうから。みんな終わるとすぐ飲みに行って、すごく楽しそうにしているけれど、私はそんな元気はないから、やるべきことをやるだけです（笑）。

準備と後かたづけ

皆さんはどうでしょうか。私は準備の時間が随分かかります。心の準備とお芝居の準備と。明日はどこの撮影で、どういう場面だから、下着は何を着ていったほうが動きやすいとか、ここの場面はちょっと大変だから、前もって勉強しなきゃいけないとか。

稽古場に行ったら、ウォーミングアップをして、小道具の点検をして、相手役の役者さんとうち合わせをして、特に歌入り芝居の時は、早く出掛けて、きちんと発声もして、体を動かします。

そういう準備をしている間に燃えてくるわけです。それが重要なの。お掃除して、準備している間に、煮詰まってくるものが大事なんですね。

準備していれば時が来て、「やるぞ」と思うけれども、準備をしないとほとんど無防備で、いきあたりばったりで十分な仕事ができなくなります。

そして芝居が終わったら、仕事場をきちんとかたづけましょう。

私は、部外者がやたらに舞台に上がるとたまらない気持ちになります。舞台にも、稽古場の床にも、魂がこもっています。もちろん装置にも、壁一つにも。心ない人がズカズカ上がってきたりすると、冒されるような気がするんですね。

帰るときには、感謝のこころで別れて、またあしたここに立つ。誰でも、仕事場はそうだと思います。仕事場も仕事道具も神聖なものです。芸能の神さまが住んでいるんです。

渋い脇役

映画俳優でも、昔の役者さんは、魅力的な人がたくさんいましたね。けれども、その魅力を語るときに、その人の個性とか、持って生まれた天性のものと見てしまいがちです。

いまは人間が画一的になって個性がなくなってしまったから、役者もそうなっていると いうふうに考えてしまうけれども、でもあの俳優さんたちの味というのは、個性的だったと簡単に言ってしまっていいんでしょうか。

そうではなくて、やはり自分で磨きあげたものだと思います。それが年ごとにわかってくる。以前は、変わった人ねとか、あの人が出てくると抜群ね、まさにそのものねとか。でも、それはもう芸にだまされているんです。芸というのは、そう感じさせるまで練り上げてできあがっているんです。磨きに磨きをかけていって、ああなるんですね。

アンソニー・クインの映画をみて思った。「あぶらぎった動物的な男、あの役にぴったりだ」って。とんでもない哲学的な名優でした。

だから若い人たちも、ああいう芸は一朝一夕にできるものではないということを考えたほうがいい。チャンスさえあれば私だって、という人が多いけれど、そういうものではないんですね。

それこそ田中春男さんとか、進藤英太郎さん、上田吉二郎さん、飯田蝶子さん、たくさんいらっしゃいました。みなさん素敵でしたね。

NHK大河ドラマ「秀吉」（1996年）。

演出家について

さまざまな演出家がいて、さまざまな演出法があります。みなさん、一生かけてやっている人たちですから、それぞれの演出法というのは、その人にとっての真実でしょう。多様であるということは、演出を受ける役者にとって、たくさんのものを吸収できるということです。全部が栄養ですね。ほんとうにすごい栄養です。

「はい、三歩こっちに来て、ここでものを言う」、「いやだ、そんなの。いいじゃない、二歩でも」って、ありますね。「そこは高い声で」、「いいじゃない、低い声でも」とか。でも、そう思っても、「ああ、そうか。高い声でやると、こういうふうになるのか」と思えるかどうかが、ねうちです。それはしっかり吸収するほうが得ですよ。みなさんいろいろだから、その違いが楽しいんじゃありませんか。

役者は演出家に対して、「きのう、こういうふうに言ったのに、きょうはこう言ってる。きのう、こう言ったから、こうやろうと考えて一生懸命やってきたのに。全然違うことを言っている」と、腹立だしく思うこともあるけれど、それはみんな自分が悪いんです。役者の演技が面白くないから、演出家はいろいろ言うんですね。演出家も、役者から、どうやっていいものを引き出そうかと悪戦苦闘しているわけでしょう？　まあ、戦いですね（笑）。

劇場・陰影のある声

全国いろいろな劇場へ芝居をもって出掛けます。楽屋入りすると、まず舞台に立って、客席の広さを見るんです。一番後の隅に座る人には、どのぐらいの声を出せば快く聞こえるかしらと気になります。

それから、お客さまの見る角度によって、舞台が違ってみえるのも、楽しいですね。木にもたれている姿、扉の陰に隠れている姿。立つ位置も微妙です。

そんなことを考えて四十年、中でも大事なのは、まず声でしょう。自由に声をあやつれるかどうか。私は地声が高くて細い声だったので、若いときには、低くて太い声にあこがれました。できるだけ低い声を出そうと思って、声帯を痛めて入院したこともありました。やはり持っているものと逆のものに惹かれるんですね。高い声と低い声、両方を出したくて、ずいぶん努力しました。もちろんハスキーな声にもあこがれますが、無理ですね。声の質までは変わりません。

私は、気が多くて、大劇場も好き、小劇場も好き。どちらもそれなりの楽しさがあるんです。

ボクシングで、いちばん前の席に座って応援したらものすごいでしょう。もう試合と一体となって、自分が打たれているような。小劇場の場合は、それにちょっと似ている。観客を巻き添えにして、一つの空間で、お客様と一体になる喜び。非常に生理的ですね。

大劇場は、群集と大広場を支配する魅力。非常にエネルギッシュに、意志的に支配する喜びと快感があります。

映画について

映画って、やはり役者は素材ですね。監督さんやスタッフの考え方の一つの要素です。そこにある自分という存在を提供するということです。それはたとえば、てんとう虫と同じ。てんとう虫がそこに出てきたら、それと同じように、そこに存在する。そんな感じがします。

だからいいスタッフに巡り会って、どうか使ってくださいと、お願いするしかありません。イングリット・バーグマンが、晩年、ガンになって顔にあざができても、顔にあざがある役があったら、私を使ってくださいと監督さんに手紙を出したそうです。あんなに美しい人がそういうふうに自分をさらけ出して、自分を素材にして、それでいい監督さんに使われたいという、根っからの映画女優だなと思いました。

それこそ光と影。何を映すか、何をどのくらい、どうやって撮影するかです。

ですからいい映像作品に出たとき、それをみて自分じゃあないみたいです。自分とは関係のない作品を見るように、人の手に委ねた私が出てくるので、じぶんのこととして見ることができないんです。しっかり監督さんのものになって、あんなことをしたのかしらって、思いますね。だからやはり、映画は、いい監督さんに愛されて、使ってもらうのが、いちばん幸せです。

撮られる気分

写真に撮られるってむずかしいものですね。なかなかいい顔に写らない。自分を意識している顔は、写真を見てすぐ分かります。ちぢこまってるの。いっときの邪念が顔をゆがめるのでしょう。ですから、知らないうちに撮られているのが一番いい。

ものを見ているとしましょう。しっかり見ていればいいんです。見てるそのものが大事なのに、見ているわたしが出てきてしまうんですね。私の目を見て、何を見たんだろうというのが大切なのに、見ているはずの顔のほうに意識がいってしまっている。だから、しゃべっている人よりも、聞いている人の顔を監督さんはよく撮るっていうけれども、やはり耳を傾けているときの無心さが、いいんですね。

だから、何を見たんだろうと、見たものの大きさが浮かんでくるような顔になっていればいいんですけど。

フジテレビ「桜乙女事件帳」。

それともう一つ、逆のことをいうようですけれど、私は、マリリン・モンローという人は、見られている顔のすてきさがあると思います。彼女の場合、常にポーズになっているんです。しかも、それが本当にいいバランスでチャーミングになっている。わたしの考えでは、彼女の場合は全部、意識しているんです。でも、その意識をこえて、きちんとポスターの中に収まってしまう。何をしてもチャーミングに収まることができる。あれはすごいと思います。だから無心な魅力と、無心な魅力をいかに作るかという、まさしくいかにして意識的な被写体になるかという両極端な話だけれど、わたしもあやかりたいですね。

ふだんの私生活を撮られるというのはまたちょっと違います。私生活を撮られることに、自分の気持ちがもうちょっと優雅でありたいです。もうちょっとゆったりと落ち着いてもいいはずなのに、生活のありかたがそこまでゆとりがないのかもしれません。もっと豊かになったところを撮ってもらいたいなと思います。

色気について

とにかくお色気がなかったらだめですね。色気のなんたるかは知らないけれど、理屈抜きの魅力というものは、お色気です。知性も色気に変わる。美しさも色気に変わる。悪も色気に変わる。その人の考え方と生き方によって、すべてが色気に変わると思います。

色気が最大の魅力。女が男を見て感ずる色気、男が女を見て感ずる色気、また同性が同性を見て感ずる色気、などなど。けれども、色気抜きには、何もない。お茶碗一つ見ても、それはいろいろあって、色気も好きずきだけれど、いずれにしても、色気がなければつまらない。

笑い

私はお芝居をみても、映画やテレビを見てもあまり笑わないんですよ。そしてみんなが笑うところと、私が笑うところもちがう。そうね、舞台でお客さまを笑わせるんなら、十回のところ九回はこらえてもらって、十回目で、思いっきり笑ってもらいたい。何でも笑わせたがる人がいるけど、笑いの深さというものもあると思います。

劇場でもよく笑う人が何人かいます。でも何人かの笑い声で、みんながおもしろがっていると思ったら間違いです。ほかの人はしらけているのかもしれない。だから笑いは怖いです。役者の落とし穴です。

爆笑でなくとも、みんなの心の中で静かに広がっていく、そんな笑いが最高ですね。

深さについて

深い表現って、どんな表現だと思います？

近ごろは時代が疲れているせいか、軽くて感じのいいものが望まれますね。でも、もの足りないんですよ。深く何かを感じさせる表現って、どうすればいいんでしょう。

ヒステリー

最初は穏やかに語るんです。その気持ちを吸い取ってもらえれば落ち着くんですけれど、カエルの顔に何とかですと、ヒステリーを起こすことになるんですね。そうすると自己嫌悪におちいる。なんとか自分を静めなきゃならない時、その時は世の中のいい先輩を思い出すんです。古今東西の多くの先輩のことを思うと気持ちが落ち着きます。スタッフでも役者でもいい。たくさんいい先輩がいますから。

その三段階です。最初は落ち着いて言うんです。わかってくれればいいなと思って、こうじゃありませんかって言うんです。ところが全然、すれ違うことが多くて、いやになります。そこで収まればいいけれど、カーッとなるでしょう。そうするともう自分が嫌になります。醜い自分というか、疲れる自分というか、本当に。でもやっぱり静めなきゃいけないから、最後はすてきな先輩のことを思うんです。ああ、たくさんいるなって。コースはだいたいそういうことです。

自分のことだけやっていればいいという仕事じゃないですからね。そのバランスが取れない人は、仕事をかえなければなりません。それじゃあ、もうやめようということになります。いつまでそのバランスが取れるかですね。妥協しないで、ある程度までねばって、そのあと、いつまでもヒステリーが収まらなければ、もうやめる以外にない。身が滅んじゃいますからね。だから、その寸前までで（笑）。

生きる喜び

食べることができて、眠ることができて、そして排泄ができれば、もう、いうことはない。そして、朝、決められた時間に遅れないで仕事場に行ければ、最高だと思います。

千鳥ヶ淵で。

理想のひと月

仕事は、だいたいひと月の半分、十五日で十分です。もちろん贅沢はしませんよ。あとの十日間は、そのための準備にあてる。そのうちの五日は、お金を払ってレッスンをする。例えば歌のレッスンとか、お習字とか、授業料をちゃんと払って。お金をもらう仕事ばかりですと、やはりだめですね。払うということをしないといけません。

そして残りの五日は、まるまる全部、仕事とは関係のないことに使う。自由に好きなことに。何をするかは言えません（笑）。そういうひと月が、いちばん理想的です。

ごちそうさま

料理は得意じゃありません。なんということでしょうか。一番悲しい話です。

塩見とは俳優座養成所の同期生です。卒業して、塩見は演出部へ入って、千田先生の下でどぶねずみのように、びっしり朝から晩まで、大変な働きようでした。徹夜で、仕込みをします。

私はおにぎりをつくって持っていきました。愛情いっぱいのおにぎりです。それなのに塩見の相棒だった神戸孝時さんが、「悦ちゃんのおにぎり、塩を削って食べなきゃ食べられないよ」って。削るという言葉が、なんとも悲しい。

何度もいうけれど、うちへ来る友人たちは、塩見の料理は「おいしかった」。私のときは「ごちそうさま」と言うんです。そして、友人夫婦がうちへ来て塩見の料理を食べると、帰ってから夫が料理を作るようになった、と奥さんは喜んで言うんですよ。

哀れな私は、ひたすら助手を務めます。ものすごく素直に、「これして」、「はい」。「これやって」、「はい、あっ、すみません」。感謝のありがとうと、すみませんの二言が、私の気持です。食事が終わったらきれいに洗う。それはそれは、まじめな助手です。誇りを持って助手を務めています。

自宅にて。

人と出会う

人との出会いがあって、おつきあいがはじまりますね。

私って、そのときに深く考えないんです。勘だけでいきます。この人、嫌いというときはすぐわかるんです。けれども、いい人ねと思っても、ボワボワボワッとして輪郭がはっきりしない。だから好きになったら、男の人でも女の人でも、あまり好きとかなんとか言わないで、ずうっと付き合うんです。回を重ねていく。それでようやくわかってくるんです。何でも遅いんです、私。急がないし、それを重荷にもしない。

たとえば、写真家の駒澤琛道さんとはお付き合いが長いのだけれど、初めてお会いしたとき、彼いわく「ずっと市原さんを撮っていきたい」と。「そうなの」、と思うだけなんです。ふうん、どのぐらい撮るのかな。そうしたら本当にずうっと撮るでしょう。それがおかしいですね。

でもそうすると、後からすごく嬉しくなるんです。ああ、本当だったんだなとか、本当に撮ってくれているんだなと。だから嬉しさがだんだん加算されるわけです。ほんとうに不思議ですね。都合がいい性質でしょう。

だから最初は、全然何も望まない。どういうふうにすてきに撮るんだろうとか、どんなにすてきな人なんだろうとか思わない。ただあるがまま、そこにいい感じの、言葉の少ない青年がいた。それでずっと撮りたいと言っている。うさん臭い気配はない。じゃあ、撮っていただこうかなという気持ちです。意味をもつのは、それからあとの年月の積み重ねですね。

今から思えば本当に幸せなことだったたと、喜びが増していくばかり。今までのことはこんなにも意味があったんだなということでしょう。そうするとそれがまた嬉しい。

一九九七年のブラジル旅行

ブラジルって、あまりにも知らないところでした。

ブ・ラ・ジ・ルというラテン系の響きと、リオのカーニバルで見る踊り、あれはいいなあ、あんな音楽がある国ってどんなところだろうと思う程度でした。それにアマゾンのことなんて、何にも知らない。

長い時間、空を飛んで、やっとブラジルに着きました。まず最初にベレンの市場に行き、食べ物の豊富さにすっかりまいってしまって！　果物の多さ、野菜の量、魚の大きさや種類、もうびっくりしました。ものすごい量で安いんです。「いやー、豊かな自然に恵まれて、いいところだなあ」と、まず食べものに、魅せられてしまいました。

みんなが〝ブラジル時間〟って言うんです。「船は、いつ来るか分かりませんよ」、「迎えの車は何時に来るか分かりません」って。私の気分はだんだん優雅になって、「あーあ、日本は、なんてコセコセしているんだろう」と感化されていきました。

アマゾンでは初め、なぜだか怖くて緊張していました。そんな私をアマゾンで生まれ育った二人の青年がガイドしてくれたんです。かれらはおじいさん、お父さんから教えられた、アマゾンでの生活の知恵を知っているんです。

アマゾンには水路がたくさんあるけれど、水深は何メートルか。何月には水がひけて、そこは島になる。どこにピラニアがいて、どこにワニがいるか、全部知っている。

森で迷ったら、ツタをナタで切ると、ちゃんと水が飲める。どの木に薬効があるか知っている。かれらはそんなこんなを、もの静かに語ってくれました。

また、アマゾンの川辺で、火をたいてピラニアのスープを作ってくれたんです。その料理する手つきがすてきなんですね。ていねいに、手早く、上手につくるの。きれいに食べて、そして骨は土に埋めて大地に返すんです。

こんな方々に出会えて、アマゾンが非常に近くなりました。ただただ深いジャングルだと思っていたのが、そこに生きる人たちが、こんなにも力強く、やさしいんですから。

日系移民一世の森さんを、ジャングルの奥地に訪ねました。森さんはアマゾンの無人島に上がって、居を構え、森を切り開いて、ガラナ畑をつくりました。畑は数年で、大地の栄養を吸いつくしてしまって、作物ができなくなるそうです。そこでまた、その奥を切り開いていく。家から歩いて延々と二十五分の道のりを、森さんは開拓しました。ものすごい仕事量。すごい歴史ですね。

森さんいわく、「これはバカでなくちゃできません」、「六十三年かかってやったんだから、できますよ」、「ここしか私の生きる道はなかったから」と、こんなことをサラリとおっしゃるの。

森さんにそう言われて考えると、何か共通するものが見つかった気がしました。私もお芝居をするのに、稽古、稽古と続けて、やっと人の心に、ちょっぴり残るものができるわけです。それを一生かけてやっている。みんなコツコツ、コツコツやっているんだなあと思って。森さんの言葉がそんなふうに響いてきました。

巨大な自然とちっぽけな人間の営みがいっしょになって、すごく気持ちが落ちつきました。

サンパウロでは、森さんと同世代の日系人が暮す〝憩いの園〟を訪ねました。そこの方々が言うんです。

「やはり、ひと目でいいから日本が見たい」って。「でも、もう体の自由がきかないし、お金の余裕もないから帰れない」って。森さんや、ここで暮す方々の開拓人生を思いました。

そのご苦労があって、今の日系二世、三世の人たちの幸せのレールがひかれたんだと。

芝居に賭ける

私は、人生をお芝居に賭けてはいません。

よく老人の役をするので歯を抜いたとか、時折そういう話しを耳にすることがあるけれど、私はそういうことはしません。整形するとか、そういうことには一切関係をもたないほうです。

役者が私の人生の全て、とは思っていません。たまたま私が役者をやっていて、嫌いじゃないということです。

生きるために芝居にこだわっているだけであって。それはもちろん、芝居を通じて人生を知るということでもあり、生きる糧になるということでもあり、それでいろいろな人と出会うということでもあるわけです。

ですけれど、それは一つの仕事であって、身を削ってまでやるとか、使命感にもえてやるとか、ではないですね。だから、いくつまでにはどうしようとか、これを克服して、あれを成し遂げようとか、そういうことは一切ありません。もう、ケ・セラ・セラ、なるようになるさ（笑）、というような感じで、飽きずにやっているだけなんです。

おかげさまで、長く続いている舞台も、番組もありますけど、いつの間にか続いているんです。もちろん、多くの人に見てもらいたいとは思うけれど、あまりに頑張ろうとか、目的達成のためにというのはないですね。

ただ、マンネリズムというのがいちばん嫌いです。お仕事も、生活も。「いまを生きる」ということを大切にしたい。自分の引き出しだけで勝負を繰り返すというのが、いちばん嫌いです。

もちろん、引き出しは、いつもたくさん持っているほうがいいけれど。それをそのまま持ち出して使うのではなくて、さらに新しくするとか、掛け算をして示すとかしないと。やはり安定したものは、壊したくなります。

こうして、思いつくままにおしゃべりをしてきましたが、気がつけば私は、何よりも〝自由に遊ぶ〟ことに夢中になっています。戦後の食糧難時代に、木のぼりをして股旅ものをうたっていたのも、中学時代、演劇クラブで明け暮れたのも、養成所の三年間も、劇

団俳優座で、お芝居におぼれて、まみれて、ひたっていたのも、そして現在の稽古好きも、みんな同じように遊んでいた私がありました。

多分これからも、夢中になれる戯れをさがして、いつでも遊んでいたい、自由がほしいと、鼻をきかせて生きていくでしょう（笑）。

あとがき

〝ひとりごと〟をみなさんに聞かれるのが、いやで、ずい分長いこと、十年ほどでしょうか、活字にするのをおことわりしていました。

その間ずっと、春秋社の神田明さん、佐藤清靖さん、写真家の駒澤琛道さん、二十五年も私のマネージメントをしてくれている熊野勝弘さんから、「忘れないうちに何でも記録しておいた方がいい、ゆっくりゆっくり本にしましょうよ」と勧められて。「そうかな、〝ひとりごと〟も聞いてもらえるうちが花かな」とボヤッとしていたら、駒澤さんから上手に話をひき出されてしまいました。

駒澤さんは、二十四年も私の写真を撮り続けてくださっています。公私、両方の写真です。黙ってファインダーから見られていてはたまりません。言わなくてもいいことまで、彼の前ではおしゃべりしてしまいました。

今、〝ひとりごと〟を振り返ってみると、たくさんの先輩、仲間、若者たちの中で、もまれて、助けられてきた自分が、はっきり見えてきます。

客観性のない私に、自分をかえりみる機会を与えてくださった、先の四人の方々に心から感謝いたします。そしてまた、やっぱり恥ずかしい思いをさせてくれましたと、うらめしくも思います。

二〇〇〇年十一月九日

市原悦子

市原悦子（いちはら　えつこ）

女優。千葉市に生まれる。1957年、劇団俳優座に入団。1971年、俳優座を退団し、翌年に塩見事務所を設立。1987年、ワンダー・プロを新たに設立し、現在に至る。

その間、『千鳥』『セチュアンの善人』『三文オペラ』『ハムレット』『アンドロマック』『トロイアの女』『近松心中物語』『その男ゾルバ』『雪やこんこん』『ディア・ライアー』『怪しき村の旅人』『メガロピンクワールド』『ゆらゆら』など、多数の舞台に出演、話題をさらう。日本を代表する舞台女優。

また映画『黒い雨』『わらびのこう 蕨野行』、テレビ『まんが日本昔ばなし』『家政婦は見た！』など、映像の世界でも活躍、また童話や詩集の朗読会を各地で開催し、老若男女を問わず幅広いファン層から支持を得る。

写真集として、『現と遊び（駒澤晃写真集）』（大阪書籍）、『つづれ織り』『変化自在（駒澤琛道写真集）』（春秋社）、『市原悦子の大アマゾン紀行』（フジテレビ出版）、著書に『やまんば――女優市原悦子43人と語る』『白髪のうた』（いずれも春秋社）など。

2019年1月、逝去。

ひとりごと

二〇〇一年一月　一　日　初　版第一刷発行
二〇一七年七月二〇日　新装版第一刷発行
二〇一九年三月一〇日　新装版第三刷発行

著　者　市原悦子
発行者　神田　明
発行所　株式会社春秋社
東京都千代田区外神田二―一八―六（〒一〇一―〇〇二一）
電話（〇三）三二五五―九六一一　振替〇〇一八〇―六―二四八六一
http://www.shunjusha.co.jp/
印刷所　萩原印刷株式会社
写　真　駒澤琛道
装　丁　本田　進
定価はカバー等に表示してあります。
 ISBN978-4-393-43648-6

市原悦子

白髪のうた

朗読CD付

女優市原悦子が、等身大の人生を語る。あまり語られてこなかった家族のこと、夫である塩見哲の逝去、一人暮らしのことや、数々の著名人との秘話まで！朗読CD・年譜付。

1600円

市原悦子

やまんば

女優市原悦子43人と語る

女優市原悦子と、監督、演出家など芝居に関わりある人々との興趣あふれる対談が満載。日本人の芸道、その光と影、尽きざる魅力を語る。市原悦子の意外な側面とは。

2200円

＊価格は税別。